Dorine Bourneton

LA COULEUR PRÉFÉRÉE DE MA MÈRE

Avec la collaboration de Claude Mendibil

ROBERT LAFFONT

ISBN 2-221-09498-0

À Mathias

Pendant longtemps
Tu as peureusement pataugé
Près du rivage en te tenant
À une planche,
Je veux maintenant que tu sois
Un nageur intrépide,
Que tu plonges dans la mer,
Que tu remontes à la surface,
Me fasses un signe de la tête
Pousses des cris
Et secoues en riant
Tes cheveux.

Walt Whitman

Petit corps engourdi, emmitouflée dans une coquille, je regarde les faisceaux de lumière défiler à l'horizontale sous une courbe légère et grise. Ma vue se brouille, les bruits extérieurs se feutrent, les calmants font leur effet. Je me dilue, délicieusement.

Quelques années plus tard, mon père m'expliquera que cette vision floue, ces vagues de nuit, sont celles de l'intérieur d'une ambulance qui me conduit à l'hôpital le plus proche. J'ai trois ans et je viens de tomber du balcon de la maison. Mes parents m'ont laissée sans surveillance. J'ai grimpé sur le bord de la porte-fenêtre, marché à quatre pattes sans trouver de barrière de protection et basculé dans le vide. Trois ans à peine. Indemne. J'ai dû voler. Dans ma chute libre, j'ai dû transgresser l'une des grandes lois de l'univers, pour, un instant, épouser le bleu du ciel. Ce pur moment de grâce, d'absolue perfection, aussi hasardeux fût-il, s'est inscrit au fond de moi et ne m'a plus quittée.

Tout à coup, une peur affreuse m'envahit. Devant nous se dresse un épais mur de nuages. Infranchissable. Je regarde les deux pilotes qui me tournent le dos, je ne les connais pas, et pourtant je me sens toujours en confiance. Ce vol, qui doit s'achever par la visite de la base des bombardiers d'eau de la Sécurité civile de Marignane, a été programmé par l'aéro-club depuis des mois et je ne voudrais pour rien au monde que ce brouillard nous oblige à faire demi-tour ! Le jeune homme assis à mes côtés à l'arrière de l'avion semble moins anxieux que moi. Afin de mieux suivre la conduite et les différentes manœuvres de pilotage du Piper, nous avons débouclé nos ceintures de sécurité et nous sommes rapprochés du tableau de bord en nous glissant entre les fauteuils. Brusquement, sur ma gauche, des barbules de nuages viennent lécher le saumon des ailes, prêtes à nous engloutir et, à l'horizon, une masse couleur d'encre se rapproche de nous. Paniquée, je m'enfonce dans mon siège et rattache ma ceinture. *N'aie pas peur, Dorine, on va s'en sortir, ça va aller, ça va aller...* scande une petite voix dans ma tête. Le sourire de mon voisin me rassure et je le lui rends aussitôt.

Ensuite, tout va très vite. J'ai la sensation que l'appareil vire sur la gauche, le copilote s'agrippe à la poignée de la porte et hurle : « Putain, qu'est-ce que tu fous, tu vas nous faire casser la gueule ! » Après, plus rien.

Derrière nous, le Cessna 172 dans lequel mon père est passager a le temps de changer de route pour éviter la zone de brouillard. Non sans peine : il naviguera sans visibilité pendant près de dix minutes au milieu de terribles turbulences. Quant à nous, c'est déjà trop tard : nous nous enfonçons dans la purée de pois, perdant de l'altitude, les ailes heurtant des arbres qui arrachent les réservoirs d'essence, pour finalement percuter le gros rocher qui stoppe net notre course aveugle.

Il est aux alentours de 8 h 30 du matin, ce dimanche 12 mai 1991. Les secours ne retrouveront le Piper Apache 28 qu'à la nuit tombée, dans le massif du mont Mézenc, à plus de 1 500 mètres d'altitude, sur un sol entièrement recouvert de neige. Simplement vêtue d'une salopette de toile et d'une veste légère, j'aurais pu mourir de froid pendant ces douze heures d'attente. Dois-je au hasard ou à une heureuse circonstance d'avoir, ce matin-là, avalé un gigantesque petit déjeuner, suivant les conseils de ma grand-mère Pauline qui m'a appris à ne jamais sortir le ventre vide ? Il est certain que ce repas inhabituel m'a apporté les calories nécessaires pour lutter contre le froid...

Puis j'ai dû reprendre conscience. Je me souviens du bras que je lève pour tenter d'atteindre le pilote dont le visage a été broyé contre le tableau de bord. Il faut que je le touche, pour appréhender la réalité et me convaincre que je suis, moi, bien vivante. Dans le flou de ma mémoire, j'entends encore, au-dessus de ma tête, le bruit de l'hélicoptère de la Protection civile qui cherche à nous localiser. Je hurle de peur et de désespoir car je sais que je ne survivrai pas au froid intense, ni à la nuit. Mais il repart. Je vais mourir, j'en suis sûre. J'ignore qu'il vient de détecter les signaux irréguliers de la balise de détresse de l'appareil qui, quelques heures plus tard, une éternité, guideront les sauveteurs vers moi, peu avant que je sombre, définitivement.

Depuis le début de l'après-midi, les radio amateurs de la Sécurité civile de la Haute-Loire sont en alerte. Parmi eux, Jean et Philippe Achard explorent la face nord du mont Alambre, près des Estables. Une mission quasi désespérée, vu l'hostilité des lieux, et gravée à jamais dans la mémoire de Philippe : « Nous marchons sur un chemin de terre, chaussés de bottes hautes car la neige est toujours présente et le brouillard nous glace les os. Nous attaquons la côte. Une centaine de mètres plus haut, mon poste récepteur capte des bribes de modulations. Je les fais aussitôt écouter à mon frère qui me confirme qu'il s'agit bien de la balise de l'avion. Il est 20 heures. Nous arrivons à l'intersection du chemin de ronde du mont Alambre. Le signal est de plus en plus fort, mais toujours rien en vue. Deux gendarmes nous rejoignent et font le point avec Jean. Pendant ce temps, je cherche, je remonte le sentier. Rien. Je reviens vers mon frère et prends le chemin à droite sur environ 200 mètres. Toujours rien. Au-dessus de nos têtes, l'hélicoptère de la Protection civile patrouille en faisant des allers-retours dans un vacarme assourdissant. Je repars dans la direction que je n'ai pas encore inspectée. Il fait de plus en plus froid, le brouillard tombe en fines gouttelettes et j'ai beau scruter de tous côtés, je ne vois rien qui ressemble à un avion. L'hélicoptère décide de dégager la zone par manque de visibilité car en plus du brouillard, la nuit arrive. Le calme est revenu à présent. Dans cette forêt enneigée et obscure, le silence est impressionnant. Je marche encore pendant quelques centaines de mètres et je décide de revenir sur mes pas. À peine ai-je fait demi-tour que j'entends un bruit bizarre : est-ce le frôlement de deux arbres qui se touchent ou un appel au secours ? Je me précipite dans sa direction et comprends que c'est un cri de douleur. J'indique immédiatement à mon frère la provenance de la plainte. Il s'empresse de transmettre la nouvelle : “ On l'a trouvé... On a trouvé le Piper... ” Je m'enfonce dans le bois et, après quelques pas, je découvre l'épave de l'avion, 80 mètres en dessous du chemin. Autour de moi les débris de l'appareil jonchent le sol, il y en a partout. Quelqu'un hurle de douleur. C'est la voix d'une jeune fille qui supplie qu'on la ramène chez elle. »

Oui, je supplie qu'on me ramène à la maison. Je veux voir ma mère, qu'elle me réchauffe. Je l'appelle, je divague. À cette heure, elle me cherche, j'en suis sûre ! Je n'en peux plus, l'horreur me submerge. J'ai tenté à plusieurs reprises de sortir de l'habitacle, mais mon pied, coincé sous le siège avant du pilote, m'empêche de bouger. Pas un instant je ne sens que je suis touchée à la colonne vertébrale.

Nous avons longtemps attendu les secours, mon sauveteur et moi, sans qu'il me dise un mot de mes trois compagnons. Il était choqué. Je ne me souviens pas non plus d'avoir entendu le bilan radio que Jean Achard communiquait aux autorités : « Trois personnes Delta Charlie Delta et une jeune fille transie de froid et gravement blessée avec suspicion colonne. Prévoir du matériel de désincarcération. » Il faudra une heure aux sapeurs-pompiers venus à la rescousse pour me sortir de la carlingue, après avoir retiré de l'enchevêtrement des tôles les corps de mes malheureux voisins.

Certains prétendent que cet endroit est « maudit », que les instruments de vol se dérèglent au-dessus du secteur, sorte de triangle des Bermudes local. Il faut dire qu'en vingt ans une série d'accidents répétés et spectaculaires ont endeuillé la région. Jean Peyrard, un écrivain du cru, a même décrit ainsi le lieu réprouvé : « Quelle est cette zone étrange sur le haut des Cévennes, où la Burle noire mêle le ciel et les roches dans un même gouffre de forces inconnues ? » Une sinistre légende, mais la réalité est plus pragmatique : les conditions climatiques étaient exécrables sur la Haute-Loire ce jour-là et la visibilité inexistante en altitude. Les météorologues d'Aulnat, prévoyant des chutes de neige dans l'après-midi, avaient conseillé de contourner la zone et j'ignore pourquoi notre pilote, pourtant chevronné et réputé prudent, se laissa surprendre. Le Piper Roméo-Juliette n'eut pas le temps de rattraper la vallée du Rhône comme prévu : il perdit le contact visuel avec le sol et percuta une paroi rocheuse avant de se disloquer. Sans doute eût-il été plus raisonnable de ne pas voler ce matin-là, mais nous attendions cette sortie depuis si longtemps, nous en avions tellement parlé mon père et moi que notre enthousiasme décida pour nous.

Quand notre avion disparut dans le gouffre des nuages et qu'ils ne le virent pas réapparaître, les pilotes du Cessna appelèrent : « Roméo-Jules, vous m'entendez ?... Roméo-Jules, répondez !... », puis ils amorcèrent la descente vers Saint-Étienne, rejoignirent la vallée du Rhône et se posèrent à Marignane, en espérant nous y retrouver. Jusqu'à l'arrivée mon père garda le silence, luttant contre l'idée obsédante du crash et de la mort. Car pour lui il n'y avait aucun doute : notre avion s'était écrasé.

Il pensait à mes premières leçons de pilotage et à l'absurdité de m'avoir initiée à l'aviation pour que tout s'arrête si cruellement. À Marignane, des pilotes de Canadairs tentèrent de distraire son attention en lui présentant leurs derniers modèles, mais il resta prostré en attendant l'heure de lancer les recherches. Nous avions décollé à 7 h 17 et notre appareil disposait de quatre heures d'autonomie. Or lorsqu'un avion disparaît, aucune recherche n'est entreprise avant qu'il n'ait épuisé la totalité de son carburant. À 11 h 30, quand il fut certain que le Piper était au sol... de gré ou de force, le plan Sater 2 fut activé par la préfecture : la Sécurité civile, la gendarmerie, les pompiers et les radioamateurs commencèrent à quadriller la région.

Afin de préserver son extrême émotivité, ma mère ne fut prévenue que vers 18 heures par un coup de fil laconique : « L'avion de Dorine est perdu... » « Et Jean-Paul ? » s'écria-t-elle immédiatement. À l'origine, mon père et moi devions voler ensemble à bord du petit Cessna puis, au dernier moment, pour un problème de train d'atterrissage, il fallut alléger l'avion et je proposai de monter dans le Piper. « Une suite de circonstances malencontreuses... » résumera mon père. « Non, Isabelle, ne vous inquiétez pas pour lui. Jean-Paul va bien. Il est parti avec les pompiers au mont Alambre. On vous tient au courant. »

« À partir de cette seconde, le temps s'est arrêté. » C'est tout ce que ma mère dira des deux heures d'attente, régulièrement interrompues par les appels téléphoniques de la famille qui venait aux nouvelles. Et enfin, celui du maire de Noirétable lui apprenant que j'étais vivante, « une vraie miraculée ! », avec juste une fracture ouverte à la cheville et au pied.

Mathias, mon voisin, n'a pas eu le réflexe de se ceinturer sur son siège : éjecté de l'appareil, il est mort sur le coup. La veille de l'accident, jour de ses dix-sept ans, il avait brillamment obtenu son brevet de pilote et cette balade était sa récompense. Nous avions, tous deux, le même instructeur et les mêmes perspectives d'avenir professionnel... Ses parents ont appris la nouvelle de sa mort d'une manière dramatique. Les secours avaient annoncé « un rescapé », sans préciser de qui il s'agissait. Pour les parents, « le » rescapé était forcément Mathias ! Dès leur arrivée à l'hôpital, ils ont cherché la chambre de leur fils et compris brusquement que seule « la jeune fille » était sortie vivante de la carlingue. Leur désespoir fut immense, dévastateur. « Il vaut mieux être handicapé que mort ! » lancèrent-ils à mon père qui attendait sur un banc dans le couloir des urgences. « Jamais je n'oublierai cette rage, me racontera-t-il plus tard, mais ils souffraient tellement que je leur ai immédiatement pardonné. »

« Il est extrêmement rare de trouver un survivant dans ce type d'accident aérien », déclara le responsable du SAMU à la presse. C'est vrai, j'ai eu de la chance. La chance d'avoir attaché ma ceinture dès les premières secousses. La chance que la balise cassée ait fonctionné avant que les sauveteurs fassent demi-tour et m'abandonnent à mon sort dans l'obscurité. La chance que mon instinct de survie m'ait permis de résister à l'angoisse des douze heures d'attente glacée.

« Le silence où rôde la mort qui cherche à m'attraper et moi qui la repousse. Personne à mon secours. Je gémis, m'évanouis, m'énerve ou m'endors, je ne sais pas, je ne sais plus... la nuit approche... et cet hélicoptère que j'entends sans le voir, et ce brouillard lourd qui me pénètre, et ces trois corps inertes... » ai-je écrit peu après l'accident. Si ces heures d'épouvante sont enfouies dans ma mémoire, depuis ce jour une sensation de vide m'envahit chaque soir et je sens sur moi comme un vent froid qui tombe.

Quelques mois auparavant, mes deux tantes, Denise et Claudette, s'étaient rendues chacune de leur côté chez une voyante, qui leur avait prédit un terrible accident dans la famille. Sans plus de précision. Si ce n'est que l'une et l'autre voyaient « du blanc » autour de la victime. Mes tantes s'étaient précipitées à la maison pour prévenir mon père de cette troublante coïncidence : « Jipé, sois prudent, deux voyantes ont vu un accident. C'est sûrement chez vous. Avec ta blouse blanche et ton ambulance, tu devrais faire attention ! » Comment imaginer que peu de temps après, mon Piper blanc s'écraserait dans la neige immaculée ?...

Noirétable est une bourgade d'environ mille huit cents habitants, aux alentours verdoyants pleins de charme, située dans la Loire, à la limite de l'Auvergne. Dans cette région recouverte de sapins, les hivers sont rudes et la grisaille envahit le paysage dès la fin de la journée. Il peut faire beau partout ailleurs, sauf à Noirétable ! C'est pourtant là que mes parents, Jean-Paul et Isabelle – que je n'appelle ni *papa* ni *maman* mais Jipé et Isa –, font construire sur les bases d'une grange, face à la gare, la maison où mon grand frère Yann et moi allons grandir.

Chez nous, chacun est libre d'aller et venir à sa guise. La porte d'entrée n'est jamais fermée à clé. Quand je sors le soir voir ma copine Valérie, il me suffit de donner l'heure approximative du retour. Aucun reproche ne me sera fait en cas de retard. À la fois ambulanciers et chauffeurs de taxi, mes parents travaillent de façon harassante, abrutissante, acharnée et la maison est presque toujours vide au retour de l'école. Souvent, ils rentrent tard, fatigués, stressés, l'ambiance est tendue. Après avoir rendu compte des appels téléphoniques reçus en leur absence, je les rejoins à table. Nous dînons devant la télévision, sans discussion, sans échanges... quand mes parents ont le temps de s'asseoir ! Car nous sommes sans cesse interrompus par le téléphone qui les fait bondir comme des diables de leur boîte. Mon enfance est ponctuée de sonneries de téléphone, ce maudit appareil qui nous dérange jour et nuit, à longueur d'année. Une course, une urgence, il faut partir, tout de suite.

Les câlins sont rares, les bisous inexistants. On ne fête pas les anniversaires, Noël ne signifie rien. Aujourd'hui encore, aucun signe d'affection ne marque nos retrouvailles après plusieurs mois de séparation. Nous avons fini par devenir peu soucieux les uns des autres et je me souviens de mots très durs, orduriers, de Yann et moi à l'égard de notre mère. Elle se choque, se vexe, il lui arrive de pleurer, mais jamais elle ne cherche à savoir pourquoi nous la jugeons si mal. La violence verbale est notre seule défense : puisque l'on nous traite sans douceur, pourquoi en attendre en retour ? Telle est l'expression de l'agitation dans laquelle nous vivons. Soumis à un rythme infernal, nos parents suivent notre travail scolaire à distance. Et notre départ en pension ne fait qu'empirer la situation. Ils n'ont pas le temps de s'occuper de nous et en prennent l'habitude. Ils veillent à ce que l'on ne redouble pas, c'est tout.

À l'adolescence, Isa n'aborde avec moi aucun des « secrets de femme » qui se transmettent de mère en fille. S'agissant de la maternité, elle me répète : « Tu sais, Dorine, les enfants sont une source de difficultés, de problèmes... Si tu pouvais éviter cela ! » Elle ne s'est jamais imaginée dans le rôle de grand-mère. Privée volontairement de notre soutien, elle a fini par sombrer dans le fatalisme et la dépression. Je l'entends encore terminer ses phrases par « La vie c'est comme ça », se réfugiant d'autant plus dans une posture de victime qu'elle souffre alors des premières attaques d'une myopathie qu'elle refuse de soigner. Comme si, pour ne pas succomber à sa paralysie et à l'étouffement de ses propres tensions, elle avait choisi de déverser sur moi, « éponge » idéale, toutes ses imperfections. Pas un instant elle ne songe que j'ai assez des tourments de mon propre corps en mutation pour accueillir sa détresse. Elle, en revanche, semble puiser sa force dans le détachement. Peut-être, au fil des années, s'est-elle fabriqué un bouclier afin de mieux résister à la dureté de son travail. Comment côtoyer la maladie, la mort au quotidien et ne pas devoir s'en protéger ? À cette époque, je suis à la recherche d'une vraie maman et je ne la trouve pas... Je la revois au garde-à-vous, entre la cuisine et la salle à manger, veillant à chaque repas que la table soit convenablement dressée. Mon père est toujours servi le premier, puis mon frère, un petit morceau au chien, et Dorine, enfin... quand elle n'est pas déjà partie piocher dans le plat mijotant sur le feu. Je rêve de me pendre à son cou, réclame des caresses, tandis qu'elle m'invite à reprendre du dessert pour la troisième fois ! Sans doute sa manière à elle de nous exprimer son amour.

Mon père est plus attentionné, plus souriant aussi, mais sa pudeur l'empêche d'exprimer la moindre tendresse. En permanence perché sur son nuage, très indépendant, il rêve. À quoi ? Je l'ignore. Je crois qu'il est souvent bien loin de nous et de ses responsabilités de père de famille. « Il faut laisser les enfants vivre leurs expériences, se frotter à la vie... Ce qu'ils obtiennent, qu'ils ne le doivent qu'à eux-mêmes. Qu'ils trouvent leur propre équilibre ! », telle est sa conception de l'éducation.

Mon frère et moi n'avons rien en commun et ne nous retrouvons dans les bras l'un de l'autre que pour nous chamailler. « Difficile de deviner que vous êtes frère et sœur », observera un jour notre directeur de pension. Nous aurions pu nous retrouver sur un terrain d'aviation et partager cette passion, la pratiquer ensemble. Yann s'informe de tout ce qui touche aux sciences et aux technologies, il adore les avions ! Hormis ma mère qui les a « en horreur » et mes tantes, que nos discussions aéronautiques agacent les dimanches de ripaille, nous sommes tous contaminés. Mais non, mon frère passe ses journées enfermé dans sa chambre à lire *Spirou* ou Jules Verne, à construire des maquettes, ou part pour de gigantesques balades à vélo. Toujours seul.

Je me réfugie alors dans le *Mermoz* de Kessel, l'épopée des pionniers de l'Aéropostale, et dévore les récits des exploits de Maryse Bastié, d'Hélène Boucher, d'Adrienne Bolland, en caressant du regard les photos de mes héroïnes. Leurs frimousses joyeuses et mutines, cette légère rondeur du visage qu'accentue le port du casque, l'allure un peu féline dans leur combinaison bleue, leur grâce ingénue... Je voudrais tellement leur ressembler ! Je crois que ce sont ces lectures qui, en tout premier lieu, m'ont fait aimer l'aviation. Je chipe l'*Info Pilote* de mon père ou ses encyclopédies et oublie les conflits en me plongeant dans la description d'avions de légende aux carlingues étincelantes. Un jour, je serai pilote ! Avec le même courage que ces hommes décrits dans les documentaires sur l'histoire de l'aviation ou dans le film *Ces merveilleux fous volants*.

Quand l'atmosphère est trop étouffante, je fuis la maison pour mettre mon imagination au service de bêtises que j'invente sans discontinuer avec la complicité de Valérie ou de ma cousine Emmanuelle. La campagne offre en cela un formidable terrain de jeu ! Nous passons nos journées autour de la gare, à marcher sur les rails de chemin de fer ou à nous faire peur dans les tunnels obscurs. J'aime ces courses dans les ténèbres, les yeux rivés à la lumière du jour, loin devant. Je crois en l'existence de paysages enchanteurs au bout du long boyau. J'ai ce besoin de me propulser dans un autre univers pour franchir des obstacles et me rassurer.

Je me souviens de ce dimanche où, ne sachant comment occuper notre après-midi, Emmanuelle et moi partons visiter un chantier en construction proche de chez moi. De gros sacs de ciment gisent sur le sol. J'ai l'idée de les utiliser pour faire des pâtés. Emmanuelle commence à éventrer un sac, puis deux, j'en crève un troisième... Bien vite, le jeu consiste à n'en laisser aucun intact. Toute la surface de la maison est recouverte d'une fine poudre blanche qu'on se lance à la figure et qui colle à nos cheveux. Nous nous amusons comme des folles ! Je repère un fût de deux fois ma taille et tente de le renverser, sans succès. J'essaie à plusieurs reprises puis, m'aidant d'un escabeau, j'appuie sur le réservoir de toutes mes forces. Splatch !!! L'eau jaillit et se répand sur le sol en bouillonnant. À nous les belles sculptures ! Lorsque le plâtre commence à durcir autour de nous, je réalise brusquement l'étendue des dégâts. « Fichons le camp, vite ! » me presse ma cousine en me poussant vers la sortie ; avant que nous nous éloignions, je prends soin d'effacer nos empreintes et contourne la maison pour vérifier qu'il ne reste aucune trace de pas. Manu ne paraît pas trop inquiète, c'est son dernier jour de vacances, elle regagne Lyon le soir même. Mais moi je reste ici... et la suite des événements me fait craindre le pire ! J'avoue avoir un peu de mal à m'endormir ce soir-là. Le lendemain matin, en revenant de l'école, j'aperçois l'estafette de la gendarmerie garée en haut de la cour. J'essaie de me persuader que personne ne nous a surprises, mais, tandis que je monte les escaliers de la maison, la tête me tourne un peu. « Ah ! te voilà, toi ! Va donc voir à côté ce qui se passe, on t'attend ! » s'écrie ma mère. Je tape du pied et refuse de bouger. Mon frère passe la tête par l'entrebâillement de la porte et me chuchote avec une grimace amusée : « Tu vas te faire engueuler... Tu vas te faire engueuler... »

Lorsque j'entre sur le chantier, mon père a un léger rictus de mécontentement. À côté de lui, le plâtrier est en larmes, le visage dans les mains, tandis que le gendarme fronce les sourcils. « Tu as vu dans quel état tu as mis le monsieur ? » m'interroge mon père avec une autorité feinte. Tout ce qui m'intéresse, moi, c'est de savoir quels indices les ont lancés sur ma piste ! « Très bien, viens voir ! » me dit le gendarme. Il me montre alors deux petites empreintes sur le sol et des traces de doigts aux murs. Prise la main dans le sac ! L'affaire en restera là. Mes parents paieront leur part des dégâts et ne m'en reparleront plus. Ceux d'Emmanuelle, en revanche, ne passeront pas si facilement l'éponge.

Aujourd'hui cet épisode de mon enfance fait sourire ma mère... même si elle a conservé la facture ! Elle conserve tout, d'ailleurs : chez nous, les placards et les tiroirs débordent de bouts de cordes, de ficelles, de chiffons... Un vrai capharnaüm !

Quand ce bric-à-brac menace de m'asphyxier moi aussi, je me sauve, à pied ou à vélo, chez mes grands-parents maternels qui n'habitent qu'à cinq kilomètres de là. Il faut dire qu'avec Jean, mon pépé, c'est toujours la fête. Il me prend par la main et m'emmène chez la Rose, derrière l'église, pour acheter des bonbons et des caramels à un sou, exposés dans de profonds casiers en bois comme une mosaïque pailletée. Mon grand-père est frais, joyeux, et sur la route du retour, tout en sautillant pour éviter de marcher sur une bouse de vache, il me fredonne des airs de Brel. « Moi je t'offrirai des perles de pluie venues de pays où il ne pleut pas... » Il est mon initiateur, mon guide, je l'admire, le chéris. Sous son regard paisible, toujours amusé, j'élabore en permanence les plans d'une nouvelle espièglerie. La vie est douce. Dans son jardin enchanté rempli de trèfles à quatre feuilles pour les lapins, de salades, de potirons, de fraises ou de groseilles, de rhubarbe pour la compote, de pommes bien mûres pour le jus de cidre, les poules se promènent sous l'œil rond d'un coq idiot. C'est mon grand-père qui m'a fait sentir le parfum des premiers charbonniers dans les mousses des sous-bois de novembre et suivre la trace d'un sanglier dans les fourrés, lui qui m'a fait boire dans son verre taché de rouge le vin coupé à l'eau et appris à me moucher dans les doigts ; lui aussi qui m'a offert ma première prise de tabac brun sur le revers de sa main ! C'est avec lui que j'ai enfumé des essaims d'abeilles sur le toit de la maison, cueilli des bouquets de ces fleurs sauvages dont il connaît chaque nom, nagé dans l'eau glacée de la rivière aux côtés des écrevisses et pêché des gardons au lieu-dit du « Lac ». Ah, il faut une sacrée dose d'amour à mon pépé pour accepter qu'une petite fille de sept ans lui coupe les cheveux avec les ciseaux mal affûtés de la cuisine !

Il me revient le souvenir d'un hiver très rude, où les routes, les champs sont tapissés de neige. Le temps semble s'être immobilisé, comme pétrifié par un froid mortel. Les branches des arbres cassent sous le poids de cette poudre compacte qui se répand alors en une pluie verglacée et cascade jusqu'au sol. Jean et moi nous promenons, émerveillés par l'incroyable métamorphose de cette campagne devenue décor de conte de fées et que nous redécouvrons au détour de chaque chemin. « Il paraît que l'étang de Goutoule est une vraie patinoire ! Ça te dit d'aller voir ? » me lance-t-il un matin. L'étang gelé ! De mémoire de pêcheur, on n'a jamais vu cela ! Nous partons en direction de « la mer de glace », comme je l'appelle déjà et, effectivement, nous apercevons au loin l'étendue blanche, saupoudrée de neige qui dégringole des sapins. Alors que mon grand-père cherche un grand bâton pour tester la solidité de la couche de glace, je m'aventure sur l'étang à petits pas craintifs. « Ne fais pas ça, ma mie ! me lance Jean. Si la glace craque, tu passeras à travers et on ne pourra plus te retrouver sous l'eau. Elle est si froide que tu te noieras immédiatement ! » Apeurée, je fais demi-tour. Jean, lui, continue sa progression, frappe trois coups avec son bâton devant lui et, si la glace tient, avance d'un pas. Du bord, je le supplie de revenir, effrayée par l'idée qu'il puisse disparaître brusquement sous l'eau. Moi, je suis légère, mais lui ? « Ne t'inquiète pas, ma mie, je ne risque rien... » me crie-t-il, parvenu au centre. « Mais, tu vois, c'est là où il faut faire attention parce que c'est moins épais que sur les b... » Un bruit sec l'empêche de finir sa phrase. C'est terrible ! Je ferme les yeux, enfouis mon visage dans mes mains, imaginant mon pépé disparu au fond de l'eau. « Tout va bien, tout va bien », crie-t-il. Je rouvre les yeux et le vois qui avance vers moi en patinant, une jambe de pantalon trempée jusqu'au genou. « Tu vois jusqu'où tu peux aller, maintenant ? » dit-il en me prenant dans ses bras. Sacré Jean !

Aux matins frisquets, ma grand-mère Pauline me conte des histoires à sa façon, tout en repassant le linge, le fer chauffant sur un poêle à mazout. Elle seule, si petite et ventrue qu'elle ressemble à ses poules, sait me faire voyager avec ses légendes mystérieuses tour à tour effrayantes et pleines de bon sens. Les vallons, les bois et les sentiers qui entourent mon village font vagabonder l'imaginaire des enfants, et les vieilles personnes ne sont pas avares de récits qui mettent en scène le diable et ses méfaits. L'après-midi même, je vais explorer ces lieux d'amour, de jalousie ou de guerre de nos mythologies locales.

Comme un rituel, ces croyances mystiques nous poussent, ma tante Denise et moi, à organiser la salle à manger en disposant sur la table un verre et des lettres afin d'y invoquer les esprits. Tous les enfants se sont livrés à ce jeu envoûtant, et je me souviens précisément de la dernière personne avec qui j'en ai parlé. Au pensionnat, en classe de première, je m'étais liée d'amitié avec Nathalie, une fille plus jeune que moi. Elle croyait dur comme fer aux esprits, à une existence dans l'au-delà alors que je restais sceptique. Avant de nous quitter pour les vacances de Pâques, nous nous étions dit solennellement : « Bon, la première de nous deux qui meurt appelle l'autre en faisant parler le verre, d'accord ? » Je lui prêtai une robe qu'elle aimait bien et un bandeau pour retenir sa crinière brune : « Tu me les rendras à la rentrée, dans deux semaines... » Mon accident eut lieu le dernier jour des vacances et Nathalie fut assassinée dans son village, quatre jours plus tard, par un simple d'esprit amoureux fou, qui ne supporta pas qu'elle se refuse à lui et se suicida après l'avoir tuée. Je n'ai jamais interrogé son esprit. Depuis, j'ai définitivement cessé de faire parler le verre.

En allant à l'école, je dépose parfois un mot doux dans la boîte aux lettres de Marcelle, ma grand-mère paternelle. Avec sa silhouette svelte et élancée, ses cheveux coupés court qui rehaussent sa nuque fine, ses grands yeux gris-bleu, elle me rappelle Audrey Hepburn. Je l'ai baptisée Mamie Mouchoirs à cause d'une rhinite chronique qui l'oblige à en avoir toujours trois paquets sur elle. Je pourrais passer des heures à regarder ses mains étonnamment larges, striées de rides profondes, et à caresser ses veines saillantes comme de gros tuyaux violacés. Elle est belle et généreuse mais de constitution fragile après avoir, dans sa jeunesse, ingurgité accidentellement une gorgée de soude caustique. Elle fut sauvée mais, toute sa vie, dut se nourrir de préparations liquides. Je revois encore l'alignement des canettes à l'unique « parfum vanille » dans son placard ! Et ses visites le dimanche, au retour de la messe, l'envie de courir la serrer très fort contre moi lorsque son sourire merveilleux s'épanouit sur son visage. Je la revois arrivant chargée d'un pâté aux pommes fait la veille et de sacs débordant des bons fruits du marché Ma mère s'approche avec froideur de « la grenouille de bénitier », réceptionne le tout avec un vague merci et repart dans sa cuisine. Eh oui, les effusions ne sont pas le genre de la maison. Pas de bises à l'intérieur de la famille Bourneton : le frère n'embrasse pas la sœur, le père n'embrasse pas sa fille, qui n'embrasse pas sa mère ! Même pour une pause dominicale.

Vue de l'extérieur, notre famille est perçue comme délicieusement « déjantée », bohème, les « délires » sont spontanés, naturels, les vannes tendres. L'hôte de passage peut apprécier une certaine folie douce, notre manque de codes et de principes. Mais une fois les portes refermées, l'ambiance est nettement plus chaotique et chacun reprend son rôle : Jean-Paul, celui de l'allumé inquiet, Isa, l'angoissée philosophe, Yann, l'introverti qui fait de son mieux, et moi, la jeune ingénue. Belle distribution pour un long-métrage décapant, avec des dialogues en forme de braillements, et dont le scénario nous échappera plus d'une fois !

Ainsi ce soir de janvier 1983 où mon père ne

rentre pas à la maison. Les heures passent, ma mère et moi l'attendons, mais il n'arrive pas. Isa commence à pleurer, à se plaindre de l'infidélité de son mari. « Je savais bien qu'il avait une histoire », répète-t-elle en arpentant la salle de séjour de long en large. J'ai huit ans, je regarde, impuissante, ma mère secouée de sanglots. Ce jour-là, je découvre brutalement le mensonge, la trahison. Soudain, le téléphone sonne et ma mère m'ordonne de prendre l'appel. Comme je refuse, elle décroche, rouge de colère. Jipé lui annonce calmement qu'il part vivre avec une autre femme. D'ordinaire passive et dévouée à son mari, ma mère se rebelle. Elle crie, le supplie de ne pas nous quitter puis, à bout d'arguments et de souffle, se tourne vers moi et me tend le combiné : « Tiens, vas-y toi, parle à ton père ! » Je prends l'appareil, bredouille timidement trois mots puis m'enfuis dans leur chambre. Au bout d'un moment, elle me rejoint en me demandant d'aller dormir dans mon lit parce que Jipé va rentrer. Effectivement, le lendemain, il était là. J'ai l'impression d'avoir fait un mauvais rêve. Il vient me voir pour me « parler », m'enlace deux minutes, mais ne m'explique rien de ses intentions. Quelques années plus tard, j'apprendrai que son retour au domicile conjugal a été négocié comme un chantage : il revenait à condition que ma mère accepte de le laisser prendre des cours de pilotage, ce à quoi elle s'était toujours opposée jusque-là. J'ai choisi d'ignorer les clauses de leur arrangement pour féliciter mon père de cette heureuse décision et espéré que cette nouvelle expérience nous réunirait enfin.

Attiré par les grands espaces et le voyage, mon père a toujours nourri le rêve de devenir pilote professionnel. Mais le milieu modeste dans lequel il a grandi ne lui permettait pas cette folie. De plus, Marcelle l'ayant élevé seule, elle refusait de le laisser s'orienter vers une profession à risque. Plus tard, mon père abandonna l'idée d'être un jour pilote de ligne : sa vue se dégradait, lui interdisant tout accès au professionnalisme.

Il est surprenant qu'il n'ait pas cherché à rencontrer son géniteur après avoir appris le nom de celui qui avait sauvé sa mère lorsqu'elle avait avalé la soude caustique. Le médecin préleva une partie de l'intestin grêle et le greffa à la place de l'œsophage brûlé. Une première à l'époque ! Après l'opération, trois soirs de suite, la malade fit venir un guérisseur à l'hôpital qui lui donna une potion à boire. « Vous vomirez du sang pendant trois jours, lui dit-il. Priez sainte Rita, et le troisième, vous serez guérie ! » Et c'est ainsi que les choses se passèrent. Le médecin la sauva pour ensuite l'abandonner, après l'avoir séduite et mise enceinte. Mais la vie se chargea de remettre le père et le fils sur le même chemin : Jipé découvrit avec stupéfaction, en discutant avec d'autres adhérents de l'aéro-club d'Aulnat, près de Clermont-Ferrand, que son propre père avait été pilote d'avion et, qui plus est, membre du conseil d'administration de ce même club !

J'ai huit ans lorsque mon père commence à piloter et, dès ses premières leçons, je l'accompagne sur le terrain d'aviation. J'ai oublié aujourd'hui qui de nous deux en a eu l'idée. Pendant des années, il va ainsi m'emmener avec lui, d'abord comme « sac de sable », à l'arrière de l'appareil, puis à ses côtés, manche de direction à la main, pour « essayer »... Depuis sa décision de piloter, je l'ai hissé sur un solide piédestal. Je ne le quitte pas durant toute sa formation, les heures ardues où il fait ses « gammes » : décollage, tour de piste, atterrissage, décollage, à bord d'un avion baptisé « la grenouille » en raison de sa couleur verte. Je ne m'en lasse pas. Voler me captive, je reste bouche bée, enfoncée dans mon siège, le nez collé à la vitre dans ma bulle d'admiration. Je regarde défiler la campagne sous nos pieds, le sol s'élargir, l'horizon grandir, les détails se perdre au fur et à mesure. L'avion attise ma curiosité, mes envies de découverte. J'adore me plonger dans un dégradé de couleurs, observer l'évolution du relief, voir les champs former le dessin net et coloré d'un patchwork naturel. C'est excitant de découvrir les maisons, les voitures ou les trains, réduits soudain à l'état de jouets ! Ce sentiment de dominer les gens, les villages, le monde, m'enchante et me grise, en dépit des douleurs aux tympans que je supporte stoïquement à chaque atterrissage. Il me faudra bien trois ans d' « entraînement » avant que j'apprenne à respirer convenablement et à décompresser dans les descentes.

Grâce à mon père, mes rêves d'envol se matérialisent. Ainsi, tout naturellement, je m'inscris à l'aéro-club d'Auvergne à l'âge de quinze ans. Depuis des mois je me suis constitué une cagnotte, de quoi payer quelques heures de cours. L'avion devient pour moi une promesse, une passerelle vers un autre monde. Je m'imagine survoler le continent africain comme pilote de brousse pour assurer le transport des médicaments d'un organisme humanitaire. La nuit, je dormirai dans le désert, sous les ailes de l'avion, les yeux perdus dans les étoiles... Je convaincs même mon amie Valérie de me suivre au Congo pour monter une compagnie aérienne, elle comme hôtesse, moi, aux commandes d'un DC 3 ! Rêves de vie mais aussi rêves de fuite. J'ai vite compris que la solution pour quitter Noirétable et gagner mon indépendance passera par la maîtrise d'un moyen de locomotion. Dès que j'ai su aller à bicyclette, mon bonheur a été de m'éloigner le plus possible de la maison sur les routes de campagne. Désormais, l'avion représente le moyen de m'élever au-dessus des mesquineries, des ragots quotidiens et autres méchancetés qui blessent ma sensibilité et me tirent inexorablement vers le bas.

Afin de pouvoir suivre les enseignements de l'aéro-club, je loge chez Denise, ma tante de Clermont-Ferrand, pendant les grandes vacances. Je consacre ainsi tout mon temps à ma nouvelle passion.

Dès la première leçon, comme j'ai déjà quelques notions, je monte dans l'avion, un Rallye 100 CV, à la gauche de mon instructeur. Il commence à lire la check-list, c'est-à-dire l'ensemble des procédures à suivre pour assurer le bon fonctionnement de l'appareil, sans me noyer pour autant dans les détails trop techniques. Au décollage, il me fait tenir les manettes tout en accompagnant mes gestes. Je suis tendue, concentrée comme jamais. Il me montre les différentes façons de se repérer par rapport à l'horizon pour éviter d'avoir sans cesse le nez sur les instruments, puis comment faire monter, redescendre l'avion et virer en douceur. Pour cette fois ce sera tout. Je lui suis reconnaissante d'avoir laissé libre cours au plaisir de la découverte. Cet instructeur est un poète : plus d'une fois, nous survolerons des châteaux, des lacs, et il ne manquera jamais une occasion de me faire admirer la chaîne des volcans d'Auvergne. À la deuxième leçon, il m'explique la nécessité de bien connaître le rôle de chaque bouton et instrument du tableau de bord : il y a tant d'éléments à assimiler que j'éprouve de réelles inquiétudes quant à mes capacités de mémorisation ! Mon premier atterrissage est un moment éprouvant : je doute d'y parvenir seule un jour, tant je crains d'avoir ces gestes brusques qui déséquilibrent instantanément l'avion à faible vitesse. L'instructeur m'apprend à doser avec plus de justesse, à affiner mon doigté, autrement dit à décélérer en douceur pour remettre l'avion à l'horizontale et réaliser ainsi un bel « arrondi ».

C'est un merveilleux été : il fait beau, l'ambiance de l'aéro-club est décontractée et amicale, je suis vite devenue la mascotte, la fille du « fameux père Bourn'tong » – comme ils disent avec l'accent –, et tout le monde s'informe de mes progrès. J'ai bien fait de mettre quelque argent de côté car les heures de vol sont très chères, pas moins de 500 francs la leçon. Il va falloir travailler dur pour suivre une formation !

Je suis une élève attentive et intéressée, meilleure en maniabilité qu'en mécanique du vol. J'habitue mon corps et mes sens aux effets de la troisième dimension, j'acquiers de bons réflexes et la pratique du pilotage me fournit des éléments essentiels à ma construction, à mon équilibre. Je peux ainsi affirmer la marque d'une indépendance qui se révélera fort utile plus tard. L'aviation est une école de respect et de tolérance, de rigueur et d'humilité, où les prises de décision sont rapides, la remise en question permanente. Autant d'atouts qui donnent à réfléchir et à voir la vie *différemment* : dans cet autre espace, l'homme se retrouve face à lui-même. D'un tempérament rêveur, j'avoue n'avoir véritablement les pieds sur terre qu'aux commandes d'un avion. Là je me concentre, là je me dépasse ! « Grave comme un enfant qui joue », dit-on. Et sérieuse comme Dorine quand elle vole.

Avec Jipé, nous courons tous les meetings aériens de la région, à la rencontre d'autres mordus. Nous parlons à perdre haleine, notre imagination s'en donne à cœur joie ! L'aviation est le seul terrain d'échange sur lequel nous pouvons élaborer des projets communs. Je veux atteindre mon père, voir naître une complicité qui m'a tant fait défaut. « Le jour où tu monteras ta compagnie en Afrique, tu emmèneras ton papounet ? » me demande-t-il. On rêve ensemble. C'est ainsi que nous nous rejoignons. Les avions sont pour nous des œuvres d'art aux lignes parfaites, aux courbes harmonieuses, et l'instant où ils décollent pour s'élever vers le ciel comme une flèche provoque toujours en nous un frisson intense. Je lui répète les noms des avions de légende comme des formules magiques : Mustang, Spitfire, Hurrican, Curtiss, Corsair... Les pilotes mythiques deviennent mes héros, mes modèles, je ne parle plus que d'eux à mes copines d'école, à qui j'ai, enfin, quelque chose d'original à raconter !

Si l'aviation nous rapproche, la crainte que mon père ne s'en aille est toujours là. Sa fugue d'un soir a eu sur moi l'effet d'un cataclysme. Petit à petit, l'inquiétude commence à m'envahir, je crains qu'il ne reparte, je ne pense plus qu'à ça. Lorsque, à l'âge de quatorze ans, j'apprends qu'une petite fille est née de sa relation adultère, mon angoisse tourne à l'obsession. Dès qu'il va la voir, je lui emboîte le pas, de peur qu'il ne m'abandonne. Je ne supporterais pas qu'il m'échappe. Et c'est ainsi que je tombe malade.

Je maigris. Je maigris doucement, sans que mon entourage s'en alarme. Les quelques questions ou vagues réflexions qui parviennent jusqu'à moi, recroquevillée dans ma détresse, n'ont d'autre effet que d'éveiller l'envie de cracher mon venin et toute ma rage. Je m'enfonce dans ma solitude, malheureuse comme une droguée en manque, le corps en lambeaux, les entrailles déchirées par les morsures de la faim que je calme parfois en croquant une pomme. J'ai besoin de mordre ! Il aurait pourtant suffi d'un geste, d'un mot pour me rappeler à la vie. Seule, je ne parviens pas à apaiser cette terrible détermination, je pourrais me laisser affamer jusqu'à l'épuisement. Un professeur d'histoire-géo commence à s'inquiéter de mon état et alerte mes parents qui me poussent alors – avec bien des précautions oratoires car je m'énerve dès qu'on aborde le sujet – à voir un médecin. Comme ils ont décidément trop de travail, je me rends seule au rendez-vous. N'ayant jusque-là jamais entendu parler d'anorexie, je suis bouleversée d'apprendre qu'il s'agit d'une « maladie mentale ». La doctoresse m'encourage à consulter un psychothérapeute, propose une thérapie de groupe ! Lorsque je lui rapporte ses propos, mon père, furieux, pousse les hauts cris : « De quoi se mêle-t-elle ? Pour qui elle se prend ? » Mes parents ne peuvent pas voir la réalité. Entamer une thérapie signifierait confier des secrets de famille à un étranger, s'ouvrir aux autres, se livrer à l'introspection. De tout cela, il n'est pas question. Pour vivre heureux, vivons discrets ! Leur perception de la vie se limite aux images rapportées par la télévision et, par manque de recul, ils sont persuadés de détenir une certaine vérité. Je continue donc à maigrir. Je m'affaiblis un peu plus chaque jour, et je dois puiser en moi la force nécessaire pour résister à la faim, ne pas craquer. L'anorexie est comme l'ivresse : elle vous domine et vous donne une incroyable sensation de puissance. Dès 11 heures du matin, les vertiges apparaissent, je n'arrive plus à me concentrer, ma vue se brouille. Impossible de courir ou de nager, moi qui aime tant le sport ! Mais je veux que mes parents réagissent, qu'ils me voient, qu'ils aient enfin un déclic.

C'est étrange, mon corps me dégoûte et en même temps, je suis fière de cette minceur extrême qui me donne l'illusion d'être jolie. Je sais qu'à une époque, ma mère a suivi un régime amincissant dans le dessein de retenir mon père qu'elle sentait s'éloigner. J'ignore s'il y fut sensible, mais le fait est qu'il ne partit pas. Ai-je voulu inconsciemment reproduire ce geste, car si cela avait marché pour ma mère, pourquoi ne pourrais-je pas, moi aussi, retenir cet homme ?

Ma période d'anorexie dura une année, pendant laquelle je restai coupée de mes amies. Et dire qu'elles m'envient d'avoir la taille aussi fine ! Comment pourrais-je leur confier ma souffrance, je ne la comprends pas moi-même. La diététique, la macrobiotique, les acides gras essentiels n'ont plus de secrets pour moi : je dévore tout ce qui me tombe sous la main traitant de l'hygiène alimentaire, des apports journaliers recommandés, en comptabilisant chaque calorie ingurgitée... et n'ai plus goût à rien ! J'ignore jusqu'où je serais allée si je n'avais pas vu à la télévision le documentaire *De Nuremberg à Nuremberg*. La vision de ces silhouettes décharnées, meurtries, produit sur moi un électrochoc. Je les regarde, hallucinée, et je reconnais mon propre corps à travers ces corps squelettiques. Sans un mot, je me dirige vers ma chambre, me déshabille devant le miroir et, pour la première fois, j'ose me confronter à la réalité. L'aiguille de la balance finit de me clouer le bec : je pèse 38 kilos. En une seconde, je réalise que je vais mourir comme ces déportés dans les camps si je continue à perdre du poids. Terrifiée, je reviens dans la pièce commune. J'attrape un paquet de gâteaux dans un placard et, mécaniquement, les avale un à un sous le regard déconcerté de ma mère. Ces friandises fades et sèches ont le goût du supplice, mais l'instinct de survie est de nouveau en marche. Dès lors, je regagnerai un bon coup de fourchette, sans pour autant retrouver un équilibre alimentaire satisfaisant.

Il n'y aura jamais ni explications ni questions. Transparente j'avais été, transparente je demeurais. Si depuis toujours j'aime que l'on me raconte des histoires, c'est pour le voyage et le rêve, mais aussi pour dialoguer avec quelqu'un. Mes parents ne se parlaient pas, ils ne nous parlaient pas, personne ne m'a appris à dire ce que je ressentais. C'est pour cette raison que je m'exprime avec mon corps, qui est le terrain d'expériences parfois violentes. Tout comme, plus tard, la chirurgie esthétique, l'anorexie me sert, à cette période de ma vie, à révéler mes angoisses. Mon corps n'est rien d'autre qu'un outil de communication.

Et jusqu'où ne serais-je allée pour faire entendre ma petite plainte ! À l'occasion d'une de mes premières sorties d'hôpital après l'accident, mon père me propose de l'accompagner un week-end chez son amie pour assister aux premiers pas de sa fille, ma demi-sœur. Après tant d'épreuves, cette visite me comble et je pense à l'émotion que provoquera en moi la marche balbutiante de ce petit enfant, alors qu'au même moment, je fais le deuil de mes propres jambes. Amandine tente trois pas maladroits puis roule par terre dans un formidable éclat de rire. Elle est si mignonne ! Mais le soir, dans la chambre que l'on m'a assignée, je surprends une conversation entre mon père et son amie qui le supplie de nous quitter, de la rejoindre, d'envisager avec elle un nouvel avenir. Je reste prostrée, tremblant de chagrin, la tête sous l'oreiller pour étouffer ma colère. Le lendemain, elle insiste de plus belle alors que visiblement mon père répugne à aborder la question en ma présence. Il semble embarrassé, impatienté. Il est 9 heures du matin et je ne me sens pas le courage de supporter cette ambiance toute la journée. Comment le leur faire comprendre ? Après le petit déjeuner, je demande à mon père de m'installer sous la douche. Une fois qu'il est sorti, je me déshabille et ouvre le robinet. L'eau jaillit avec force. Je la laisse couler sur mon visage, se mélanger à mes larmes, puis j'oriente le jet à la verticale de mes pieds en augmentant la pression. Peu à peu la raison me quitte. Lentement, je ferme l'arrivée d'eau froide. Mes pieds deviennent rouges. Je ne sens rien. Puis l'eau se met à fumer, devient brûlante, jusqu'à ce que des picotements dans les cuisses me donnent le vertige. Je suis hébétée, proche de l'évanouissement. Dans un dernier effort, je ferme le robinet d'eau, me sèche vaguement et appelle mon père en criant que je me suis ébouillantée. Il accourt, m'aide à sortir de la douche et me porte jusqu'au lit. Là, mes pieds se recouvrent de cloques énormes. C'est affreux ! Paniquée, son amie téléphone à un médecin tandis que Jipé essaie de comprendre ce qui s'est passé. Je me contente d'incriminer le mauvais fonctionnement de la douche ; sceptique, il n'insiste pas. Le verdict du docteur est sans appel : brûlures des deux pieds aux deuxième et troisième degrés ! « Dites donc, vous ne vous êtes pas loupée ! » s'exclame-t-il, surpris. Retour d'urgence à l'hôpital. Mon père plie nos bagages et nous partons immédiatement. Le week-end est terminé.

J'ai recommencé à m'alimenter, mais après cette période d'anorexie, je n'ai plus jamais été la même petite Dorine. Pelée vive, j'avais changé de visage, changé d'âme. Cette fois, ma détresse m'avait poussée loin, très loin, jusqu'à mettre ma vie en danger, et mes parents n'avaient pas su interpréter mes appels au secours. Aucun écho n'y répondrait jamais. À présent, il valait mieux renoncer à attendre un conseil, un encouragement, un compliment de leur part. Dans cette épreuve, c'est encore l'aviation qui me viendra en aide. Je reprends mes cours et rejoins un groupe de jeunes stagiaires, élèves pilotes. Ils sont drôles et j'aime bien mon instructeur. À leur contact, sans qu'ils le sachent, je me détache de mon passé, reprends goût à la vie, retrouve le sourire et un peu plus de légèreté.

Au bout de quinze heures de vol accompagné, mon instructeur estime que je suis prête pour être « lâchée » et partir seule dans le Fox Golf Alpha Roméo Oscar. Comme tous les pilotes amateurs, j'espérais ce moment tout en redoutant qu'il arrive. Mon instructeur m'avait prévenue, mais je suis surprise par la légèreté de l'avion : je décolle sur la « gazonnée » beaucoup plus rapidement que lorsque nous étions tous les deux. Le premier lâcher est déstabilisant, du fait de l'allégement, on se laisse monter plus haut que d'habitude et les repères visuels au sol changent... Il est arrivé que dans l'euphorie, ce jour-là, certains élèves distraits se perdent ! Pour ma part, je ressens une étrange vulnérabilité mêlée de délectation : j'embrasse l'immensité du ciel ! Enfin, je suis tellement concentrée que je n'apprécie véritablement la joie de ce premier « vol solo » qu'une fois à terre.

Ma deuxième expérience sera plus éprouvante. Le vent souffle de travers, par 15 Knœuds (28 km/h environ), de quoi terroriser un pilote débutant ! En approche finale, l'appareil se déporte sans cesse, poussé par le vent, et je ne maîtrise pas la technique pour atterrir dans de telles conditions. Mes pieds se mettent à tressauter sur les palonniers et l'air commence à manquer. C'est dans cet état de panique que je me présente sur la piste d'atterrissage, alors que l'avion refuse de se placer dans le bon axe. Je dois remettre les gaz et refaire un tour de piste, les muscles sous mes pieds se contractant en spasmes incontrôlables. Là, je réalise qu'il me faut me poser au plus vite car le stress monte en flèche. Je dois affronter la difficulté et, au deuxième passage, alignée sur la cathédrale qui sert de repère en prolongement de la piste, j'atterris tant bien que mal. Après être descendue de l'avion, je rejoins mon instructeur en lui lançant : « Ouh là là, c'était un peu difficile cette fois ! » De la tour de contrôle, il n'a rien manqué de mes tergiversations et il ne me relâchera pas avant de m'avoir bien entraînée aux diverses conditions d'atterrissage délicat. J'avoue que je n'ai jamais éprouvé une peur aussi intense que lors de cette mésaventure. Quoi qu'il en soit, ce jour-là, j'apprends que bien piloter, c'est aussi savoir maîtriser ses émotions.

À bord de mon Cessna, je vole, je glisse sur un ruban soyeux ou je monte et virevolte entre les nuages, avec pour seul compagnon le ronron paisible d'un moteur Lycoming. Il fait chaud dans le cockpit, des gouttes de sueur perlent sur mon front et coulent le long de mes tempes. À cette altitude, le calme est absolu et la lumière fine, transparente comme du cristal. Au-dessus de ma tête, les étoiles semblent si lourdes que je m'attends à les voir tomber en cascade d'une seconde à l'autre. Sous mes pieds, des nuages cotonneux commencent à bouillonner comme du lait sur le feu où flottent bientôt des cloques monstrueuses. Brusquement, de vives secousses font vibrer mon volant sans que je puisse les maîtriser. Émergeant des tréfonds de cette mer en ébullition, une forme apparaît. Refusant l'hallucination, j'écarquille les yeux et je vois, dans le flou des vapeurs suffocantes, une vipère coulante et rapide monter vers moi. Elle se transforme en un bras qui jaillit, puis une main se dégage et essaie de m'attraper ! Je tente d'échapper à ce courant qui veut m'engloutir, je me débats, je lutte, je transpire... Les battements de mon cœur tambourinent à mes oreilles, brouillent ma vue, m'étouffent. Je chavire ! Je n'ai plus de corps, je n'ai plus de vie.

Soudain, j'ouvre les yeux. Dans la pénombre de ma chambre, je suis allongée sur un drap de lin et ma mère retire le coussin qu'elle maintenait serré sur mon visage.

La sonnerie du réveil m'arrache ce cauchemar qui me laisse à bout de souffle au bord du lit. Est-ce le traumatisme de l'accident qui réapparaît ? Et pourquoi cette vision se mêle-t-elle si étrangement à une scène d'infanticide ? Encore des questions auxquelles je ne trouverai jamais de réponse.

C'est en appelant l'hôpital du Puy-en-Velay où j'ai été emmenée après l'accident que mes parents apprennent le caractère de mes blessures et le risque de paraplégie. Pour m'opérer, les chirurgiens ont dû attendre la résorption de l'énorme hématome apparu autour de la fracture, mais il était déjà trop tard. Compressées au niveau de la douzième dorsale et de la première lombaire, les terminaisons nerveuses de la moelle épinière ont manqué d'oxygène, rendant les lésions définitives. Après l'opération, un hélicoptère me transporte à l'hôtel-Dieu de Clermont-Ferrand. Quelle excitation de monter pour la première fois dans un hélico ! La gravité de mon état m'échappe complètement. Puis je gagne Saint-Genis-Laval, où je vais suivre ma rééducation, dans l'ambulance de mon père.

Mes parents viennent me voir, souvent à l'improviste, lorsqu'ils rejoignent un établissement voisin. Leur présence me rassure. Parfois, ils s'entretiennent avec les médecins, mais rien ne filtre de leurs discussions. Ma chambre, tapissée de photos et de dessins d'avions, est devenue un petit nid douillet, que je parfume pour chasser les odeurs d'urine persistantes. On me bichonne, et personne ne me dit si oui ou non je vais remarcher. Le temps passe ainsi dans une ambiance joyeuse et décontractée, et l'ignorance absolue du caractère définitif de ma paralysie. Autour de moi, de jeunes gens circulent en fauteuil, rescapés d'une chute de ski nautique ou de moto, avant de repartir sur leurs deux jambes au bout de quelques jours. Bientôt, ce sera mon tour, je dois être patiente, ne pas m'inquiéter. Le traitement à la cortisone et la rééducation intensive auxquels je suis soumise donneront des résultats... très certainement... c'est sûr ! Dans le doute et la méconnaissance, je me livre à un jeu de questions/réponses, et interprète le moindre élément d'information. Puisque les kinés me demandent régulièrement si je sens « quelque chose » au niveau des jambes, c'est que la sensibilité va revenir ! Rien ne peut altérer ma bonne humeur, ni les néons glacés de l'hôpital, ni les douleurs qui me vrillent le dos. D'autant que Pierre, un charmant étudiant en médecine aux cheveux tout ébouriffés, passe beaucoup de temps à mes côtés, ce qui fait dire à mon père, qui n'en est pas à une délicatesse près, qu'on l'a dépêché pour que je « garde le moral et guérisse plus vite » ! Pierre m'aide à préparer le bac de français que je n'ai pu passer en juin et, début septembre, un examinateur vient à l'hôpital pour les deux épreuves, l'écrit et l'oral.

La première fois que l'on me « pose » sur un fauteuil, je sens comme un affaissement de tout mon corps et j'ai la nette impression que je ne me relèverai plus. Je ne me trompe pas. En fait, je n'ai jusqu'alors jamais pensé au handicap, je n'imagine pas que l'on puisse rester paralysé suite à un accident. On s'en sort ou pas, il n'y a pas d'autre alternative. Le fauteuil roulant, c'est pour les personnes âgées, les malades, les impotents. Ma tante se déplace en chaise, ce que je trouve « normal » puisqu'elle souffre d'une myopathie avancée, mais moi, quel est mon mal ? Les semaines s'écoulent sans progrès notable et je commence à douter de remarcher un jour. Quand je confie mon inquiétude à mon père, il répond évasivement : « Oui, “ ça ” va sans doute revenir, mais... ça prendra du temps, et ce ne sera plus comme avant. » Je sursaute : « Comment ça, plus comme avant ? Je pourrai refaire du vélo... et aller danser à " La Caverne ", surtout ? » Il semble un peu gêné : « Ça... bon... ça sera difficile, mais je pense que tu y arriveras, avec de la volonté... » La meilleure volonté du monde n'y suffirait pas, mais il n'ose m'avouer la triste vérité. Lui qui n'a jamais eu le courage de me dire « je t'aime », comment pourrait-il provoquer cette peine en moi ? En fait, je ne vais vraiment prendre la mesure de la situation qu'un mois plus tard.

Ce matin-là, à la fin d'une séance de kinésithérapie, la praticienne entreprend de me masser énergiquement les mollets, ainsi qu'elle le fait chaque jour. N'importe qui sentirait la forte pression des doigts sur la peau ; moi, je ne sens rien. J'ai tout à coup le sentiment douloureux que mes jambes sont complètement mortes, que jamais plus elles ne pourront me porter. D'ailleurs, mes muscles fondent à vue d'œil. Cette hypothèse, je l'ai déjà envisagée, mais tant que personne ne me l'a confirmée « officiellement », je ne peux m'y résoudre. La kinésithérapeute termine les soins par le massage de pieds habituel lorsque je l'interpelle d'un ton léger : « Dis donc, ça met bien du temps à bouger tout ça ! Il serait grand temps que ça revienne, tu ne crois pas ? » Elle arrête net son mouvement, me regarde droit dans les yeux et dit doucement : « Tu sais, on ne peut pas savoir pour l'instant, mais il est bien possible que tu ne remarches plus... » Je reçois ces mots comme un coup de poing dans le ventre. Mes oreilles se mettent à bourdonner, une boule cuisante monte dans ma gorge et mes yeux se remplissent instantanément de larmes. Le verdict vient de tomber. Comme un arrêt de cour d'assises : perpétuité ! De la main je fais signe que la séance est finie, la salue d'un mouvement de tête, passe de la table de rééducation au fauteuil et quitte la salle, les yeux rivés au sol. En sortant de l'ascenseur, je croise une infirmière avec qui j'aime bien plaisanter. Voyant mon air hagard, elle se penche tendrement vers moi : « Ça ne va pas, Dorine ? » Je la gratifie d'un rictus pour ne pas fondre en larmes, et lui tourne le dos. Une fois la porte de ma chambre refermée, j'éclate en sanglots. Je pleure longtemps, violemment, puis, les tempes en feu, je finis par m'endormir. Plus tard, alors que je somnole, une infirmière passe la tête dans l'entrebâillement de ma porte et la referme délicatement. Je ne redescendrai pas de la journée. Après un long moment, je prends le téléphone pour appeler mes parents. Sans leur laisser le temps de placer un mot, je déverse ma rage, je crie ma douleur de rester ventousée pour le restant de mes jours « sur ce putain de fauteuil », leur reprochant leur dissimulation, leur lâcheté, avant de raccrocher brutalement. Non sans avoir ajouté que leurs mensonges m'ont toujours dégoûtée. Je n'en peux plus, et c'est sur eux que mon désespoir déferle. Je reste l'après-midi sur mon lit, sans bouger, à passer en revue tout ce dont il me faut faire le deuil : les balades sur la plage au bord de l'eau, les virées entre copines au ciné, en boîte de nuit, les courses dans les sous-bois, le vélo... Bon sang, le vélo ! Et les garçons, alors ? Quelle horreur !

Le soir un magnifique orage éclate. Je suis ivre d'émotions, brisée, vidée. Mes parents, bouleversés par mes cris, arrivent dans la soirée et s'assoient près de moi. Ma mère pleure doucement en séchant ses larmes du bout des doigts tandis que mon père me regarde avec tristesse, les lèvres serrées. Ce soir-là, comme tant d'autres, ils ne trouveront pas les mots.

Être privée de cette liberté qui fait occuper l'espace dans ses moindres recoins, se dépenser, se dépasser et tant de choses encore, est comparable à une opération qui arracherait à vif toutes facultés physiques et mentales. Et pourtant, il me suffit d'une nuit pour admettre, digérer la nouvelle donne. Le lendemain, j'adresse une longue lettre à Ludovic, mon cousin, afin de nommer, d'écrire les choses noir sur blanc et, ainsi, de mieux appréhender la réalité. Mais aussi pour me raccrocher à quelqu'un, ne pas sombrer. Les jours suivants, je reprends mes activités : promenade autour du parc, musique rock à fond dans le walkman, nourriture aux canards et visite aux biches. Je fuis les discussions avec les autres patients. Que pourrais-je partager avec eux ? Que pourraient-ils me dire, sinon de banales formules d'espoir auxquelles personne ne croit, eux les premiers ? Je préfère rejoindre les infirmières le soir, dans leur pièce de repos, qu'elles me parlent de leur métier. Je ne me lasse pas d'écouter leurs voix douces me raconter l'amour des autres. Je reprends les séances de kiné du matin et la musculation l'après-midi. Sans réelle amertume. À l'hôpital, je vis dans une sorte de cocon où tout est fait pour atténuer les inconvénients du handicap et où la circulation en fauteuil se déroule sans heurts ni obstacles.

Après quatre mois de rééducation, classée bonne élève, je rejoins la maison familiale. Dès ma sortie, quelques mètres seulement après la grille, les vrais ennuis commencent. J'ai pourtant intégré l'idée que je ne remarcherai sans doute plus, mais les trottoirs en pente et le fauteuil constamment déséquilibré me font perdre mon sang-froid. Au bout de deux cents mètres, des crampes me tétanisent les bras, j'ai un avant-goût de ce qui m'attend... C'en est fini de la douceur rassurante de Saint-Genis, à partir de maintenant je me jette dans la jungle de la ville, de ma vie. Avec ce nouveau compagnon que j'épouse après des fiançailles fort chaotiques. Pour le meilleur et pour le pire !

Lorsqu'elle a appris que je resterais vraisemblablement paralysée, ma mère s'est évanouie. Mon père, lui, se sentait accablé par la charge supplémentaire que j'allais représenter. « Me voilà bien, moi, maintenant, avec deux handicapées à la maison ! » s'exclame-t-il un matin après mon retour, faisant également référence à la maladie de ma mère. Encore une fois, à cause de cette pudeur imbécile qui l'empêche d'exprimer sa peine ou son amour, il se montre maladroit, brutal, injuste. Ma famille semble anéantie par la situation. Isa me regarde d'un air affligé, comme si mon handicap lui renvoyait sa propre déchéance. Mon frère ne veut plus entrer dans ma chambre parce que, dit-il, « ça pue la pisse » et que la vision de mes jambes pendantes lui fait horreur. Aucun aménagement n'a été entrepris pour me rendre la maison plus accessible. Les mots « aller aux toilettes » n'ont plus de signification, pour la simple raison que leur exiguïté m'en interdit l'accès. Je me sonde dans un haricot, allongée sur mon lit comme à l'hôpital, et les inondations accidentelles sont fréquentes. Il me faudra beaucoup de temps avant d'acquérir suffisamment d'habileté pour me sentir « autonome ». Mes gestes sont si gauches que je ne peux pas sortir un plat du four sans me brûler la main ou les avant-bras ; si je veux aider ma mère à faire un peu de ménage, mon buste sans appui tombe en avant. Et lorsque, pour m'occuper, je prépare des pâtes au gratin, telle une tâche assainissante pour l'esprit, Isa me rembarre d'un : « Allez ! Sors de *ma* cuisine, tu vois bien qu'il n'y a pas la place ! » sans appel.

Peu à peu, l'atmosphère à la maison devient irrespirable. Prisonnière au premier étage, je dors une partie de la journée pour oublier la déprime qui me colle à la peau depuis mon retour à Noirétable. J'évite ainsi de buter contre les chaussures, les pieds de chaise et autres embûches qui traînent au beau milieu des couloirs à longueur de temps et me bloquent le passage. Le nombre de pantoufles que je balance de rage par la fenêtre ! Je me cogne à toutes les portes tant elles sont étroites. Parfois, à bout de nerfs, je me lance à toute allure contre une cloison en arrachant un peu de peinture au passage. La maison tremble du sol au grenier. « Pas fait exprès ! » dis-je en retournant dans ma chambre.

On me portera pour grimper l'escalier de l'entrée pendant près de deux ans avant d'installer un monte-charge de fortune, tellement bringuebalant que le câble finit par céder alors que je viens d'y pénétrer. La cabine retombe de toute la hauteur du premier étage. Heureusement, les roues du fauteuil amortissent le choc et j'en suis quitte pour une grosse frayeur. « Je savais qu'il allait casser ! » s'esclaffe mon père lorsqu'il voit que je n'ai rien. Sa légèreté est parfois confondante !

Après l'épisode des « pieds brûlés », le port de chaussures m'est interdit, le temps que les plaies cicatrisent. Un jour où mon père entreprend de pousser mon fauteuil dans la cour de notre maison, un cahot fait sortir mon pied droit du repose-pieds. Jipé a beau manœuvrer dans tous les sens sur le gravier, il n'arrive pas à avancer. Tandis qu'il s'acharne en pestant contre cet obstacle invisible, je penche la tête vers les petites roues de devant. Un hurlement s'échappe de mes lèvres : « Arrête, tu es fou ! Regarde un peu ce que tu fais ! » Mes orteils sont passés sous la roue, et saignent. Cet incident me rappelle, si je l'avais oublié, qu'il m'appartient encore et plus que jamais d'expliquer à mes parents comment prendre soin de leur enfant.

En fait, nous sommes tous dépassés par les événements. Incapable de réfléchir à mon avenir, je continue de me réfugier en permanence dans le sommeil. Mes amies n'osent pas venir me voir dans cette maison qui exhale la lassitude et la renonciation. Il y a bien une tentative de sortie en discothèque, comme avant, mais c'est un échec retentissant. Dans l'espoir d'estomper la vision du fauteuil, j'ai voulu me faire remarquer en arborant avec allure un grand chapeau à pois fuchsia et remporté, ce soir-là, la palme du ridicule ! Je suis paumée, je fais n'importe quoi. Pour tenter de me distraire, mon père continue de m'emmener dans des manifestations aériennes. Il sait combien les numéros de voltige sont mes shows préférés... quand ils ne me rappellent pas de mauvais souvenirs ! C'est ainsi qu'en septembre 1991, lors d'un meeting auquel j'assiste, deux avions s'élèvent devant nous, droit dans le ciel telles des lances magnifiques puis, lors du renversement, se percutent de plein fouet pour retomber au ralenti dans un champ face aux tribunes. Je n'en crois pas mes yeux ! Ce soir-là, mon père aura bien du mal à calmer mon anxiété et à me réconforter.

Accidentée au mois de mai, hospitalisée et rééduquée durant les vacances scolaires, je fais ma rentrée au lycée fin septembre, un peu après les autres. Comme s'il ne s'était rien passé ! Mes copains reviennent de deux mois de mer ou de campagne, bronzés, heureux, pressés de raconter leurs aventures, et moi je réapparais sur mon fauteuil roulant. Un amoureux que j'ai côtoyé une semaine avant le crash vient m'exprimer sa sympathie, une fille à la main. Je ne lui en veux pas. J'ai l'impression d'une vaste débâcle autour de moi, que tout s'écroule. Peu à peu, je romps avec mes amis. Ils ne voient pas que je suis devenue une autre personne, ils continuent à se comporter comme si le fauteuil n'était pas là, entre nous ! Nous partons forcément sur de mauvaises bases. Moi qui ne peux plus les suivre, leurs récits de virées et de fêtes me sont insupportables. Je ne veux plus les entendre. Qu'allons-nous partager à présent ? L'équilibre est difficile à trouver. Je n'arrive pas à distinguer amitié et apitoiement. J'ai besoin de l'aide de mes copines mais je refuse qu'elles se transforment en gardes-malade. Sauront-elles être assez fortes pour me soutenir avec justesse, en plus de leurs propres préoccupations ? Je voudrais leur parler, mais elles fuient toute conversation personnelle, par pudeur, par crainte d'aborder des sujets délicats. Décidément, elle m'emmerde cette pudeur, elle ne donne aucune chance à la compréhension, à l'acceptation de mon état. Pourtant, certaines redoublent d'attentions : elles surélèvent mes jambes pendant les longues heures de cours, je les remercie mais au bout de quelques minutes j'ai les fesses et le dos en feu. C'est moi qui n'en peux plus ! Que je sois à la maison ou que j'accepte de sortir prendre un verre, je ne me sens bien nulle part, j'ai l'impression de n'être qu'une charge.

Pour la rentrée suivante et mon année de terminale, je décide de m'installer à Montbrison, près de mon lycée qui a été spécialement aménagé pour m'accueillir. Tous les cours s'organisent au rez-de-chaussée et un cabinet de toilette m'est personnellement réservé. Mes parents ne s'opposent pas à ce besoin d'indépendance et me trouvent un petit studio. Notre relation s'est fortement détériorée ces derniers mois : un peu d'éloignement nous fera du bien. C'est ainsi que je coupe avec mes racines, mes souvenirs. Mais que cette année est éprouvante ! Je m'accommode mal de cet espace étroit et dépouillé où rien n'est à la hauteur de mon fauteuil que je commence à peine à apprivoiser. Et puis, m'occuper de l'appartement, faire les courses et suivre mes études, avec le bac à la fin de l'année, c'est beaucoup trop pour moi. Tout est nouveau, la ville, les gens, ma vie, mon corps... Comment trouver la motivation pour étudier sérieusement dans de telles conditions ? Un rien me déconcentre, je m'épuise, la solitude me pèse atrocement. L'unique repère dans cette confusion est la présence assidue de mon cousin Ludovic, sensible à ma peine, et la correspondance que j'entretiens avec lui pendant des mois. Il participe à ma reconstruction en m'emmenant au cinéma, à des concerts, essayant même de m'intéresser à l'actualité politique et culturelle. Il est près de moi, tout simplement.

À la fin de l'année, je passe les épreuves du bac et, comme tout le laissait présager, je dois me présenter à la session de rattrapage. Mon niveau scolaire est tellement faible que je juge inutile de m'y rendre. Évidemment, je me garde bien d'en parler à mes parents. En fin de journée, ils viennent me chercher au studio pour m'emmener à Noirétable et m'interrogent sur la difficulté de l'examen. J'élude la question en déclarant que je n'ai pas envie d'en parler. Ils n'insistent pas. Le lendemain matin, lorsque le téléphone sonne à huit heures moins le quart, j'ai un pressentiment... Le proviseur du lycée appelle pour connaître les raisons de mon absence à la session de rattrapage de la veille ! « Aucune ? » Dans ces conditions, on m'attend pour que je puisse passer l'épreuve d'ici une heure. À 80 kilomètres de là ! « Ah le chameau ! » s'exclame mon père. Pelotonnée sous la couette, j'entends sa voix retentir comme un écho lointain : « Elle s'est pas présentée ! Elle s'est pas présentée à l'examen ! » Et ma mère de répondre : « C'est pas possible ! C'est pas possible ! » Il déboule dans ma chambre déjà habillé : « Tu as cinq minutes pour te préparer, je te conduis immédiatement au centre d'examen. Tu te dépêches ! » Et il tourne les talons.

Pendant tout le trajet, nous n'ouvrons pas la bouche. Dans la voiture qui file à toute allure, la tension est grande. Ce jour-là, Jipé aurait pu faire sauter tous ses points de permis de conduire ! En arrivant devant l'examinateur, un professeur de philosophie, je suis tellement crispée que j'éclate en sanglots. Il me console, me demande si j'ai pris un petit déjeuner, considère le fauteuil avec étonnement, intrigué par les raisons de mon handicap dont on ne l'avait pas informé. Je sèche mes larmes et souligne du doigt une parenthèse sur mon dossier scolaire : Accident d'avion. Il n'y avait pas prêté attention, mais, pour le coup, il comprend mieux certains points de vue exposés dans ma copie. Là-dessus, je lui raconte mon histoire et il m'interroge sur mes projets d'avenir professionnel. Enfin, il me pose quelques questions rapides sur le *Contrat social* de Rousseau, auxquelles je réponds comme je peux, et il me gratifie d'un... 15 sur 20 ! Avec le coefficient 5, je suis assurée d'avoir mon bac. L'heure suivante, je décroche un 10 en mathématiques avec un professeur peu expansif mais conciliant et c'est ainsi que je deviens bachelière.

Ne sachant vers quelle filière me diriger, je prends une année pour réfléchir et me fortifier psychologiquement. Celle qui vient de s'écouler m'a beaucoup ébranlée. À ma demande, je retourne à Saint-Genis-Laval pour renforcer la musculation du dos et des bras, expérimenter la marche appareillée et passer mon permis de conduire sur une voiture équipée de commandes manuelles.

Au cours de cette année de remise à plat, je rencontre deux garçons qui vont devenir chers à mon cœur, Franck et Emmanuel. Aujourd'hui, mes proches se divisent en deux camps : ceux d'« avant » et ceux d'« après ». Je n'arrive pas à éviter cette distinction. Eux, ils m'auront toujours vue en fauteuil roulant.

Franck et Manu débarquent dans ma vie un soir de 15 août, alors que je me suis rendue avec une amie à la fête foraine de Noirétable. Ils nous abordent gentiment, savent immédiatement nous séduire par leur spontanéité, leur naturel et, peu à peu, je me laisse apprivoiser par leur humour irrésistible. Puis ils proposent de nous accompagner au bal. Comme il se doit. Dans les premiers jours de notre relation, je suis très intimidée, si troublée que j'ai honte d'effectuer sous leurs yeux le simple transfert de mon fauteuil à la voiture. Je trouve cela inesthétique, humiliant. De la même manière, lorsqu'ils m'invitent à passer des veillées autour d'un feu de camp, je leur demande de me porter sur l'herbe et, plus tard, de m'asseoir sur mon fauteuil. Inutile qu'ils me voient ramper, me hisser péniblement jusqu'au siège et recaler mes baskets sur le marche-pieds. Je n'aime pas quand le handicap se rappelle à moi !

Franck et Manu savent dédramatiser la situation avec drôlerie et délicatesse et me rassurer sur mon pouvoir de séduction. Nos jeux expriment une infinie tendresse : « Tu sens ma main ? – Non, pourquoi, tu me touches ? – Et là, elle est où ? – Heu... sur mon pied droit ? – Raté ! c'est le gauche ! – Et qu'est-ce que je te fais, là ? – Tu me pinces ! – Mais non, Dorine, je te caresse la cheville ! »

« Le piou », c'est ainsi qu'ils me baptisent, à

cause de ma bouille ronde et de la couleur jaune vif de mon premier fauteuil. Ensemble, nous gambadons dans les claires prairies de Saint-Priest, des brindilles dans les cheveux, puis nous étourdissons de paroles et rêvons tout haut dans une heureuse insouciance. Nous passons des nuits entières sous les rayons de lune, enlacés dans de grosses couvertures de laine – il fait tellement humide par chez nous ! Et lors de furieuses soirées dans les ruines du château d'Urfé, nous sculptons jusqu'au petit matin des étoiles en pain d'épice, face aux feux complices, catapultés sur un nuage d'amour.

Je n'ai rien oublié de ces journées passées à compter nos fous rires réciproques, à boire nos paroles rafraîchissantes, si joyeuses que tout d'un coup les tracas du fauteuil roulant semblent bien peu de chose. Un an après l'accident, j'avais bien besoin de regards sans compassion ni indulgence particulière ! Cette belle amitié consolide ma nouvelle identité, elle donne une raison d'être à ma sensibilité. Je demande et l'on me donne. Je m'exprime et l'on me comprend. Mieux, on en redemande ! Sans cesse, Franck et Manu inventent des petites ruses pour me simplifier la vie, des gestes tendres, des attentions inattendues qui disent : « Tu ne marches pas, tu roules, et alors ? Cela ne remet pas en cause l'attraction terrestre ! »

Oui, cette rencontre fut capitale à mon équilibre. Avec Franck et Manu, j'ai de nouveau l'impression que tout est question de volonté. Tout est possible !

Des secondes qui précédèrent la chute, je n'ai gardé que peu de souvenirs : les soubresauts de la carlingue, les nuages en bout d'aile, le sourire rassurant du jeune homme près de moi, le cri d'un pilote, rien de plus. Si je voulais me préserver et remonter un jour dans un avion, il me fallait occulter les heures qui avaient suivi, oublier mes jambes incrustées dans les tôles, la peur de mourir dans cette forêt, le froid, la nuit. Et que l'on cesse de me parler de l'accident et de me voir comme une rescapée ! Les circonstances m'avaient jetée à terre, mais puisque la mort ne voulait pas de moi, je continuerais donc à vivre. Voilà tout. Avec un peu plus de lucidité. « Il faut que quelque chose arrive. J'en ai marre ! Je m'ennuie ici et ma vie ne ressemble à rien... » avais-je confié à une copine de lycée quelques semaines avant le crash. De son côté, elle subissait au quotidien les humeurs d'un père alcoolique et violent. Nous avions décidé de nous enfuir ensemble en auto-stop, fin juin, après les cours.

Pour ma part, c'est une autre fugue qui m'a emportée, même si je n'en demandais pas tant ! Le handicap m'a permis d'échapper à un certain conditionnement, à des pensées réflexes, de me prendre en main et de me réaliser. Il a dévoilé à tous ma blessure intérieure, ce terrible sentiment d'abandon, et révélé en partie ma vraie nature. Petit à petit, le vide affectif, artisan de ma vulnérabilité, s'estompe. Des gens viennent naturellement vers moi, m'entourent et m'aiment. Enfin, on répond à mes questions !

En 1993, à la suite de la parution de mon témoignage dans *Aviation et Pilote*, une revue d'aéronautique, Guy Labrit m'informe qu'il préside une section destinée à des aviateurs invalides, l'A.H.M.I.P., au sein de l'aéro-club Toulouse-Midi-Pyrénées, pourvue d'avions spécialement équipés de commandes manuelles. En clair, on vient me chercher pour reprendre la pratique du vol moteur ! Cette lettre déclenche une foule de questions : l'envie de revoler est intacte, je le sais, mais une fois dans l'avion, vais-je maîtriser mon appréhension à l'approche des nuages ? Et si je panique à l'atterrissage ? J'ai drainé le choc de l'accident et accepté de vivre, mais mon corps ne garde-t-il pas quelques souvenirs dont il cherche à se protéger ? Il faut que j'aille voir.

Avant de m'installer à Saint-Hilaire-du-Touvet, lieu de soins et d'études que l'on m'a chaudement recommandé, je décide de partir à Toulouse me confronter à mes doutes et m'initier pendant un mois au pilotage à l'aide de ces fameux appareillages. Là, je fais la connaissance de Pierre Harquin, un ancien mécanicien navigant de chez Dassault, dévoué à l'instruction qu'il pratique bénévolement. Deux avions, un Rallye 100 CV et un Rallye 150 CV, sont à notre disposition. Après avoir fait un rapide briefing sur les paramètres de l'avion et testé mes connaissances au tableau, nous nous dirigeons vers les appareils. Je me hisse non sans mal dans le Yankee Zoulou, le cœur battant, mais le vol me demande de tels efforts de concentration qu'il fait passer au second plan le plaisir des retrouvailles. J'éprouve quelques difficultés à remplacer les anciens mouvements de palonniers (de gauche à droite) par des manœuvres manuelles (avant/arrière) regroupées sur un second manche. Pendant tout le vol, j'ai l'impression d'actionner un banc de musculation ! Heureusement la pratique manuelle de la conduite automobile a développé une certaine dextérité qui facilite ces nouveaux gestes. J'atterris complètement épuisée, mais soulagée, heureuse. Et fière. J'ai... réussi. La porte que le destin m'a claquée au nez s'ouvre à nouveau ! Le véritable handicap aurait été de ne pas oser aller de l'avant, de m'incliner devant le sort. À présent, je peux commencer ma vraie rééducation.

Pierre Harquin me fait voler des heures d'affilée, souvent vers midi quand l'aéro-club est désert et que le soleil à son zénith surchauffe l'intérieur de la cabine. Je rentre à la base, la casquette blanche enfoncée jusqu'aux yeux, harassée, vidée, et il me stimule encore pour aller faire deux ou trois heures de théorie, comme pour rattraper le temps perdu. À nous les joies de la mécanique et les secrets de l'aérodynamique ! Jusqu'à me dessiner sur la nappe en papier d'un restaurant le circuit électrique du tableau de bord !

Lorsqu'il comprend ma détermination, Pierre Harquin décide de m'épauler et de me suivre jusqu'à ce que j'obtienne mon brevet de pilote. Ce sera le 6 avril 1995. Il m'apprend à rejoindre la piste « moteur coupé, volets à la demande » en adoptant les bons angles sur la pente d'atterrissage, et autres enseignements de la vieille école : « Garde du badin (de la vitesse), c'est la santé ! » Il éprouve mon endurance et m'aide à reprendre confiance en moi.

Grâce à lui, mes appréhensions s'apaisent, j'apprends à dompter mes émotions, à dominer ma peur. Si l'accident est enfoui au plus profond de ma mémoire, mon corps, lui, se souvient, et à l'approche d'un nuage, il lui arrive encore de trembler. Et de frissonner de bonheur, car depuis, ma passion s'est renforcée ! Dans les airs, je retrouve la liberté dont je suis privée sur terre. Plus de cahots, plus d'obstacles, plus de lourdeur, je vole, l'avion glisse sur l'onde et rien ne peut arrêter mon désir d'évasion. Au lâcher des freins, à la mise en puissance, au moment où les roues de l'appareil se détachent du sol, je pénètre cette dimension nouvelle où mon corps et mon esprit s'unissent. Je jette un œil alentour, une main guidant la machine par petites pressions du manche, un doigt sur le trait de la navigation pour enfin prendre possession de mon univers, un royaume mystérieux et jubilatoire.

La rentrée universitaire approche, et il me faut songer à rejoindre Saint-Hilaire-du-Touvet. « Là-bas, tu vas pouvoir poursuivre tes études et être convenablement rééduquée », m'a-t-on assuré... Après la pénible année de solitude passée à Montbrison, peut-être vaut-il mieux s'en remettre à un centre médicalisé. Cet établissement est sans doute très performant pour les soins, mais il me suffit d'une journée pour décider que je n'y étudierai pas. Pas question de me laisser enfermer dans un ghetto où se côtoient handicapés, anorexiques, cancéreux et malades du sida. Ce regroupement, dont je peux comprendre la nécessité au niveau hospitalier, n'est pas naturel pour moi et je préfère prendre une chambre sur le campus universitaire. J'ai envie, quoi de plus normal, d'être avec des jeunes de mon âge et de penser à autre chose qu'au handicap ! Je m'inscris en fac de lettres modernes à Grenoble mais déchante bien vite : l'ascenseur et l'unique monte-charge, perpétuellement en panne, ne me laissent jamais le temps de me rendre aux lavabos. Les étudiants gravissent un escalier pour accéder aux amphis tandis que je m'exténue à faire le tour par un autre bâtiment pour les rejoindre. Il faut toujours m'attendre. Ça me stresse. Et, surtout, je ne peux plus voler.

Aujourd'hui, les aéro-clubs qui disposent d'avions équipés pour handicapés se sont développés, mais à l'époque, il n'en existe que trois : Les Mureaux, dans la région parisienne, Bédarieux et Toulouse. En fait, l'envie de partir pour la Ville rose me trotte dans la tête depuis l'été. Là-bas, je poursuivrai l'enseignement avec mon instructeur et pourrai me perfectionner. À Toulouse, je passerai mon brevet de pilote !

Juste avant de quitter la clinique de Saint-Hilaire-du-Touvet, après un bilan de santé, j'ai un entretien avec un médecin qui m'interroge sur mes projets professionnels. À nouveau, j'annonce clairement mon intention de piloter. Il me regarde stupéfait et déclare d'un ton définitif : « Vu votre état, il vaudrait mieux oublier ! » Je fais la moue, le regarde fixement quelques secondes et renonce à poursuivre cette conversation. Inutile de m'épuiser à persuader chacun du bien-fondé de ce qui va devenir une véritable quête. Quelque temps plus tard, le hasard veut que, lors d'un tour aérien, je survole la ville de Grenoble et je passe précisément au-dessus de cette clinique. Je ne peux pas m'empêcher de tirer la langue au médecin qui voulait me clouer au sol. Hello, docteur ! Regarde qui est là-haut !

À peine installée à Toulouse, je reprends contact avec Pierre Harquin, l'instructeur aux treize mille heures de vol. C'est à cette époque, en 1994, que mes objectifs initiaux de carrière se précisent : passer mon brevet de pilote privé et, pourquoi pas, suivre une formation pour devenir instructrice professionnelle. Pendant un an, je vais voler jusqu'à quinze heures par mois, sacrifiant à ma passion une partie de mes allocations d'adulte handicapé et des indemnités de l'accident. Pour obtenir ce brevet, je dois apprendre à me hisser seule dans le cockpit à la force des bras, toute aide extérieure pouvant constituer un motif de refus à l'examen. Je me souviens de l'effort intense à fournir pour m'élever du fauteuil à l'avion, de la terre au ciel, et de l'émotion merveilleuse qui m'envahissait ensuite. Un pas de plus dans la conquête de mon autonomie ! Quant à devenir instructrice professionnelle, j'ignore alors le chemin tortueux qu'il va me falloir emprunter pour y parvenir... Mais d'autres embûches et mésaventures m'attendent déjà.

Je n'aurais jamais dû sourire à ce garçon... Débarquée de ma campagne, j'ai gardé les réflexes d'une provinciale qui aborde le premier venu en toute confiance. Il faut dire qu'avec la reprise des cours de pilotage, j'ai envie de croquer la vie, et cette nouvelle légèreté me donne des ailes ! Un soir que je me promène avec une voisine, place du Capitole, Sam, un jeune homme d'une trentaine d'années, s'approche de nous et engage la conversation. Son cabotinage lui donne les charmes d'un séducteur et nous avons la surprise, en discutant, de nous découvrir une connaissance commune. Quelques jours plus tard, je les invite tous deux à boire un verre à la maison, et Sam profite d'un instant où nous sommes seuls pour me donner un long baiser, langoureux et sensuel. Nous devenons amants dès le lendemain et, à partir de là, il vient souvent partager mes nuits. Il n'est pas rare que j'entame aussi spontanément une relation, mais jamais je ne me suis vraiment engagée. À présent que la vie revient en moi, je suis impatiente d'en découvrir toutes les saveurs ! Le climat et la beauté de la ville de Toulouse ne sont pas étrangers à cet état d'éveil permanent. L'odeur des fleurs, de la pelouse fraîchement coupée sur la balade des quais de la Garonne, la couleur chaude des murs de brique au soleil couchant, l'effervescence de la jeunesse dans les ruelles, cet accent chantant qui atténue la gravité des mots, tout participe à la fête des sens.

Un soir, Sam fait irruption dans mon studio, en nage, ruisselant de sueur. « J'ai couru », me dit-il en continuant à marcher de long en large. Je le trouve un peu étrange, les traits du visage tendus, nerveux, mais je n'y prête pas attention. Les jours suivants, je l'interroge sur sa fébrilité excessive à certains moments et il m'avoue assez vite sa toxicomanie. « Mais je veux arrêter, Dorine, il faut que tu m'aides. » Il a l'air sincère, abattu, et je lui promets de l'épauler dans ce combat dont à vrai dire je ne connais pas grand-chose. Un jour, alors que je l'attends chez lui, je découvre par hasard qu'il se drogue toujours. Sous le lavabo, dans le placard où je cherche une casserole pour faire chauffer de l'eau, traînent une seringue et une petite cuiller. Il m'a pourtant juré avoir tout jeté. Je ne dis rien, car je dépends de lui pour sortir de son appartement situé au premier étage. Pas question de me retrouver coincée face à une furie ! Mais, le soir même, au téléphone, je lui rapporte ma triste découverte. Comme je m'y attendais, il me reproche violemment ma curiosité et mon manque de confiance en lui. « J'ai besoin de toi », gémit-il. Je demande à réfléchir et raccroche assez rapidement. Au beau milieu de la nuit, il débarque chez moi et me supplie en pleurant de ne pas le laisser tomber. Par faiblesse, par crainte, j'accepte, à la condition qu'il cesse immédiatement de me mentir et de consommer cette daube.

Le dimanche suivant, il arrive à la maison en claquant des dents et dans un tel état d'agitation que je l'emmène aux urgences. Il est en manque, tout simplement. Après m'avoir fait attendre deux heures dans la voiture, il ressort muni d'une ordonnance et nous partons à la recherche d'une pharmacie de garde. Au moment où je tourne place du Capitole, Sam fait signe à deux copains de nous rejoindre et, sans me demander mon avis, ils grimpent à l'arrière du véhicule. Ils commencent aussitôt à se disputer en arabe, et je comprends vaguement qu'ils parlent d'argent. Le mot « flouze » est international ! Je veux descendre, m'enfuir, mais le fauteuil est à l'arrière, je suis coincée. Sam me demande de lui prêter 200 francs. Comme je n'ai jamais de monnaie sur moi, je lui propose un chèque. D'abord, les deux types refusent puis, lassés, ils finissent par accepter. Je remplis rapidement le chèque, pestant intérieurement contre mon impuissance, et les deux individus descendent de la voiture aussi vite qu'ils y sont montés non sans embarquer au passage le blouson de Sam. Avant de disparaître, ils lui glissent une petite pochette de papier dont je connais, bien sûr, le contenu. Folle de rage, je le ramène chez lui sans un mot et le laisse se débrouiller avec sa dose. Le soir, il tente de me joindre au téléphone, mais je ne décroche pas.

Il réussit à me piéger deux jours plus tard et me prie de le laisser venir à la maison. Cette fois, je ne cède pas. « C'est fini entre nous, tu m'as menti, on arrête là », dis-je en lui raccrochant au nez. Je ne suis pas très rassurée. Peu après, la sonnerie de la porte de l'immeuble retentit. C'est lui ! Je me doutais bien qu'il n'abandonnerait pas la partie de sitôt. J'ai l'impression de me retrouver dans un film américain de série B : la pauvre handicapée poursuivie par le toxicomane fou ! Je suis en train de composer le numéro de téléphone d'un voisin pour qu'il vienne à mon secours quand Sam débarque dans l'appartement. Quelqu'un lui a ouvert l'entrée commune et ma porte personnelle n'est pas fermée à clef. Il tombe par terre en menaçant, hurle que je l'ai abandonné, et cogne du poing sur la table en m'ordonnant de prendre ma voiture pour l'emmener je ne sais où, probablement une de ces « courses » dont je connais déjà l'issue... Je suis terrorisée. Comment faire pour me débarrasser de lui ? Finalement, j'accepte de sortir. Tout plutôt que de rester seule face à ce dingue ! Dans la voiture, il m'oblige à passer chez lui afin de prendre quelques affaires. J'imagine filer à l'anglaise dès qu'il aura le dos tourné, mais il doit lire dans mes pensées car, avant de descendre, il arrache les clefs du tableau de bord. Je suis condamnée à l'attendre. Je tente d'arrêter un homme qui passe à ma hauteur sur le trottoir, mais ce dernier me regarde d'un air béat, sans comprendre ma détresse. Sam revient très mécontent car, de sa fenêtre, il m'a vue parler à un inconnu. « Dorénavant, cela n'arrivera plus. Je vais te dresser, moi », lance-t-il fermement en s'installant dans la voiture. Nous reprenons notre tournée infernale. Plus loin, il reconnaît un de ses amis dans un café et me demande d'arrêter la voiture pour aller lui taper une cigarette. À la seconde où il referme la portière, le feu passe au vert. Je démarre en trombe et fonce me réfugier pour la nuit chez Gilles, un ami paraplégique, pilote d'avion lui aussi. Le lendemain, il m'accompagne chez moi et attend que je rassemble quelques affaires dans un sac. J'ai décidé de quitter Toulouse, le temps que ce junkie m'oublie un peu. Le voisin m'informe que durant la nuit, un type louche l'a accosté avec agressivité, avant de se poster sur le trottoir de notre immeuble comme s'il attendait quelqu'un.

Les policiers que je vais voir à mon retour m'expliquent qu'ils ne peuvent rien faire en l'absence d'une véritable agression physique sur ma personne. Ils se contentent de rendre une petite visite d'intimidation à Sam afin qu'il me laisse tranquille. Six mois plus tard, je le croise dans une ruelle de la ville. Nous échangeons trois mots et il poursuit son chemin comme si rien ne s'était passé. Il a l'air bien. Tant mieux. L'esprit libre, je reprends mon entraînement en vue de passer mon brevet et de me préparer à la fameuse sélection du Tour aérien des jeunes pilotes.

Le rendez-vous a été fixé à 9 h 30 sur le terrain d'aviation de Lasbordes. Ce jour-là, le ciel est couvert, le plafond un peu bas. Je ne connais pas mon examinateur et le portrait que l'on m'en a brossé n'est pas pour me détendre. Redouté pour son exigence par les professionnels qu'il teste, il a la réputation d'être implacable avec les pilotes privés. Comme je suis en avance, en l'attendant j'appelle Aérofax, le service de Météo-France, pour obtenir un dossier météo aéronautique complet des parcours. Avant l'épreuve, chaque pilote est tenu de préparer deux navigations, au sud et au nord, en fonction du temps et des aléas du jour.

Mon examinateur arrive peu après. Très grand, massif, le regard bleu, fixe derrière ses Ray-ban : on me l'avait bien décrit ! Est-ce à force de scruter l'horizon ou de traquer les points de repère que les rides ont si profondément marqué le contour de ses yeux ? Il me serre franchement la main, esquisse un léger sourire : l'épreuve a commencé ! Il choisit la région sud, jusqu'à Pamiers, bien qu'il soit prévu quelques rafales de vent dans le coin... Avec le père Harquin, nous avons survolé une grande partie du secteur, mais cette portion précise ne m'est pas très familière. Pas de chance ! Météo capricieuse, examinateur impitoyable, terrain inconnu... Pour me donner du cran, je me répète « Ma petite Dorine, il va falloir montrer de quoi tu es capable ! » Toutefois je lui présente sans trembler ma navigation en indiquant sur la carte les principales particularités du parcours.

« J'ai prévu une directe par la balise Tango Sierra, récepteur ADF calé sur le 423 que l'on rejoindra quatre minutes après le décollage au cap 183 de Lasbordes, après avoir pris contact avec l'approche de Blagn...

— Attendez, mademoiselle, votre Rallye, il est équipé d'un radiocompas ?

— Euh... non...

— Eh bien, dans ce cas, vous n'avez pas les moyens de radionavigation suffisants pour passer sur le NDB Tango Sierra ! Ça ne va pas du tout ! J'espère que vous avez envisagé une autre solution !

— Oui... bien sûr... hum, on peut contourner la zone par l'est en passant par... »

Hou là là, ça commence fort ! Il m'écoute attentivement puis me soumet à une rafale de questions ! Documents obligatoires à emporter, questions sur les zones « D » que l'on ne peut traverser sans avoir interrogé la radio, altitude de sécurité compatible avec le plafond du jour, carburant minimum à embarquer. Influences de la composante « vent de travers » à l'atterrissage, caps à suivre et leurs degrés pendant le vol en fonction de la direction du vent (de face, de côté, arrière) et temps de navigation. Vitesses à adopter aux différentes phases du vol (au décollage, en montée initiale, en cas d'obstacle à éviter droit devant, en croisière, en vent arrière, à la sortie des volets, à l'atterrissage). Enfin, quelques questions d'aérodynamique.

« Au fait, dit-il brusquement, qu'est-ce que le givrage carburateur ? Et comment l'évite-t-on ? » Nous sommes effectivement ce jour-là en conditions dites « givrantes » avec un fort taux d'humidité dans l'air et une température proche de 5 °C. Il conclut en me demandant la documentation que tout élève pilote doit pouvoir présenter : attestation de l'examen théorique, carnet de vol à jour, livret de progression et certificat de la visite médicale. Ouf !

La partie purement technique du test dure plus de deux heures. J'ai le feu aux joues, mais l'ensemble de mes réponses paraît le satisfaire, sauf pour ce qui concerne les précisions mathématiques. Dans mon calcul de la force du vent par rapport à l'axe de la piste, j'ai confondu sinus et cosinus. « Non, attendez, là, il faut que je vous explique... » dit-il en se levant. Il se rend au tableau et me fait un cours de maths en reproduisant les abscisses, les ordonnées, les droites et les angles ! La météo s'étant fortement dégradée pendant ce temps, l'examinateur préfère différer l'épreuve du vol de quarante-huit heures.

Au jour J, la météo a à peine varié, mais mon « testeur », comme nous l'appelons dans le métier, estime que l'épreuve peut tout de même avoir lieu. Sous ses yeux, je monte dans le Rallye 100 CV, passant du fauteuil à l'avion avec légèreté. Il me regarde faire en silence, s'assurant que rien ni personne ne m'aide dans cette manœuvre. Comme il tient à emmener le fauteuil avec nous, « au cas où », il le plie selon mes instructions – visiblement, c'est une première pour lui ! – et le sangle à l'arrière en prévision des turbulences. Après les essais moteur au point fixe de la piste 16, il me fait récapituler les actions vitales en cas de panne après le décollage. Les premières minutes du vol sont tendues. Je suis crispée par l'enjeu, mais, peu à peu, je parviens à me détendre tout en restant vigilante. Il faut dire que l'examinateur fait tout pour me déconcentrer par un flot incessant de questions ! À quelle altitude évaluez-vous les nuages là-bas ? Comment s'appellent-ils ? Sont-ils dangereux, stables, évolutifs ? Et à quoi correspond ce carré noir sur la carte ? Et le rouge ? Et cette agglomération, à quelle altitude faut-il la survoler ? Et celle-ci ? Dieu que c'est éprouvant ! Et puis nous nous approchons d'une zone militaire. Ce jour-là, le plafond excessivement bas m'interdit de passer au-dessus de la R 46 S (couloir d'entraînement de vols à basse altitude d'avions de chasse), je dois rester à 150 mètres du sol, altitude de vol réglementaire. J'ai repéré qu'à partir d'un croisement autoroute-voie de chemin de fer, je pourrai remonter normalement. La difficulté consiste à gagner mille pieds en quelques secondes pour se retrouver à la verticale du terrain en toute sécurité. À peine le repère franchi, je cabre l'avion et mets pleins gaz. Le Rallye 100 CV est un avion lourd, peu nerveux : à deux, sur un veau pareil, il faut mettre la gomme ! L'examinateur pousse un hurlement : « Qu'est-ce que vous faites ? C'est trop tôt pour remonter ! Vous êtes sûre d'être sortie de la zone militaire ? » Son cri me déstabilise, d'autant qu'au même instant je dois changer de fréquence et appeler Pamiers pour écouter le trafic, demander au contrôleur le détail de « la dernière » (piste en service, pression atmosphérique, force et direction du vent) et le prévenir de mon arrivée par l'ouest dans deux minutes. Ma voix tremble. Je crains d'avoir commis une faute éliminatoire et, en même temps, je suis certaine d'être sortie de la zone militaire...

La piste de Pamiers nous apparaît au loin, mais le vent a forci et je me présente mal. Aïe ! Je vais louper mon premier atterrissage. Les turbulences sont tellement fortes que nous devons remettre les gaz et changer de piste. Je n'en mène pas large ! Conscient de ma difficulté à tenir l'axe et les paramètres altitude-vitesse-assiette dans les rouleaux, l'examinateur m'aide un peu à atterrir en actionnant ses palonniers.

« Ne vous laissez pas emporter par l'avion ! » crie-t-il.

Timidement, je bredouille : « Non... non... Mais vous êtes sûr d'avoir bien attaché le fauteuil à l'arrière ? » Il ne m'entend pas, trop soucieux des écarts de l'appareil. Après trois atterrissages dont deux à basse altitude, je mets le cap sur Revel, au pied de la Montagne Noire. Je suis exténuée. Déjà deux heures que nous volons. Je me concentre quelques minutes sur la gestion du carburant pour équilibrer les deux réservoirs d'ailes, puis lui explique la manière dont nous allons nous présenter sur Revel en détaillant la fréquence, l'altitude et les particularités du circuit. La vision des planeurs majestueux qui tournoient au loin me calme un peu.

Nous avons dépassé la verticale du terrain depuis trente secondes lorsqu'il tire la manette des gaz vers lui. Le but de l'exercice consiste à rejoindre la piste et à se poser sans remettre de moteur. Une panne simulée, en quelque sorte.

À cet instant, j'ai une pensée affectueuse pour Pierre Harquin qui m'a bien rodée à ce genre d'exercice ! Puis l'examinateur me demande de faire un tour en réalisant un U parfait au lieu du rectangle habituel. Enfin, pour vérifier que je connais mes vitesses et maîtrise bien la machine, il me fait effectuer une suite de décrochages, pour finir sur des virages à 30 degrés puis 60 degrés d'inclinaison. Mis à part quelques imperfections, tout se passe bien.

J'aurais dû flairer le piège lorsqu'il me prie d'aller faire un « toucher » (l'avion pose les roues et redécolle immédiatement) à Graulhet. Certains aérodromes ont ce que l'on appelle un « notam » (message alertant sur la modification temporaire ou définitive d'information relative à la navigation). Il me faut donc appeler le contrôle de Toulouse-Blagnac pour le connaître. Je réfléchis rapidement en essayant de cacher mon trouble. Quelle fréquence radio interroger ? La tour ou l'approche ? « Contactez Toulouse-Info... » grommelle mon « testeur » entre ses dents. Mauvais point pour moi. Tant pis. En fait, l'examinateur sait que, sur le terrain de Graulhet, le tour de piste a changé de sens depuis le début de la semaine, passant du sud au nord. Une fois l'information obtenue, le « toucher » à Graulhet cesse de l'intéresser et il m'invite à me dérouter sur Lasbordes pour rentrer. J'ai hâte d'en finir. Cette tension maîtrisée commence à devenir pénible.

Je m'annonce sur la fréquence 122.7 : « Fox-Yankee Zoulou de retour de Graulhet à cinq minutes du point Écho (point d'entrée obligatoire et de sortie de la zone) à 1 800 pieds avec l'information Golf... » « Bien reçu Yankee Zoulou. Vous êtes numéro 1. Pas de trafic à signaler dans le circuit. »

Je reconnais aussitôt la voix d'un copain qui travaille à la tour de contrôle ! L'examen arrive enfin à son terme. Près de trois heures de vol, à présent. J'ai des crampes à l'estomac. Allez, encore un tout petit peu de concentration ! Pour terminer, en élève modèle, je vérifie à voix haute tous les instruments, en désignant chacun d'entre eux.

« Paramètres de vol : corrects. Pression et température d'huile : OK. Pression d'essence : OK, on est sur le bon réservoir... »

L'examinateur garde le silence.

« Tout va bien ! » dis-je d'une voix enjouée et je remets mon doigt sur la carte pour vérifier ma position sur le trajet avant d'atteindre le fameux point Écho.

« Attention, mademoiselle ! Je vous préviens que le test ne sera terminé qu'à l'arrêt du moteur sur le parking, déclare mon voisin d'un ton sec.

— Oui, oui, je sais... »

Mais pourquoi dit-il cela ? J'achève la check-list et conclus par un sonore :

« Tout est OK.

— Ce n'est pas fini, je vous dis... »

Silence. Je tourne la tête vers lui sans comprendre et tout d'un coup, eurêka !

« Ah oui ! Vous voulez dire que les jauges de carburant sont presque vides...

— Oui, oui...

— Il faut savoir que sur cet avion, elles sont plutôt pessimistes, on croit qu'il n'y en a plus parce que l'aiguille est tout en bas ! Mais regardez, depuis le début du vol, j'ai régulièrement changé de réservoir toutes les demi-heures, et je sais précisément que j'ai consommé une heure trente sur le gauche, une heure trente sur le droit. Et d'ailleurs, voilà, il est temps de repasser sur le gauche. Sachant que cet avion a une autonomie de quatre heures, si on enlève la demi-heure de sécurité... tout va bien ! »

« Yankee Zoulou ? Position ? » m'interrompt la tour de contrôle, par la voix de mon copain qui croit bien faire.

Il tombe mal ! Tandis que, le nez dans mes papiers, j'explique en détail le fonctionnement

Ma plus grande joie : voler,
être aux commandes
d'un avion,
quand plus rien
ne peut arrêter
mon désir d'évasion.

À Noirétable, dans la cour
de la maison familiale
où mon grand frère
Yann et moi allons grandir.

Avec Marcelle, ma grand-mère
paternelle.

L'ambulance et le taxi
de mes parents, qui travaillent
de façon harassante.

Formidable terrain de jeux,
la voie de chemin de fer
passait juste derrière chez nous.

J'ai dix ans.
Je suis à la recherche
d'une vraie maman,
et je ne la trouve pas…

Avec Jean, mon pépé adoré,
c'est toujours la fête.

Je me réfugie souvent
chez mes grands-parents
maternels. Eux savent
me donner l'affection
qui me manque ailleurs.

Un moment
de complicité
avec mon père…

12 mai 1991.
Le Piper dans lequel
je suis passagère s'écrase
sur le mont Alambre.
Je serai la seule rescapée.

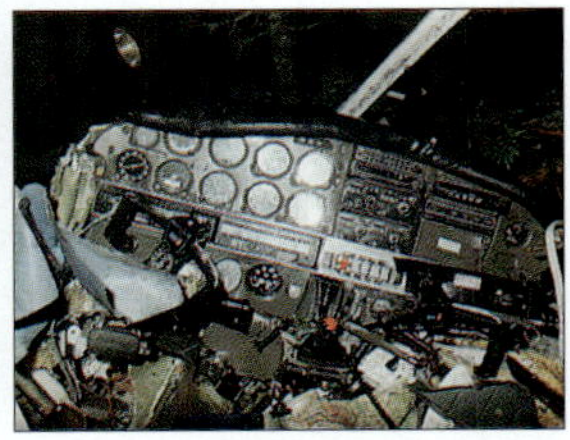

Touchée à la
moelle épinière,
je perds l'usage
de mes jambes
à seize ans.
Je ne pourrai
plus marcher,
eh bien,
je volerai !

Malgré l'accident,
mes rêves d'aventure
sont intacts.
Un jour, je dormirai
dans le désert,
sous les ailes de l'avion,
les yeux perdus
dans les étoiles...

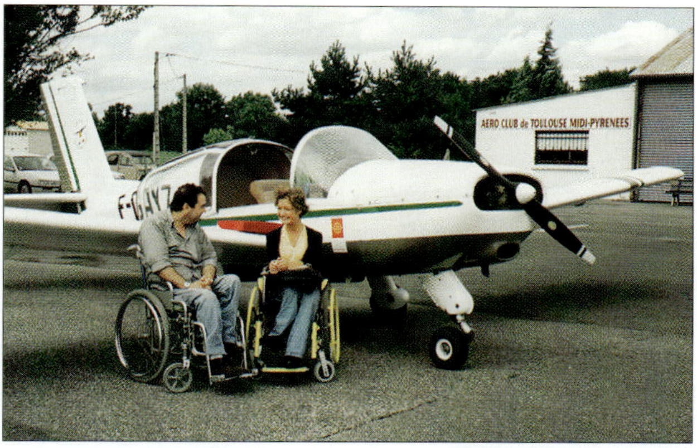

C'est à
Toulouse-Lasbordes
que je reprendrai
des cours de pilotage
puis obtiendrai
mon brevet de pilote
en avril 1995,
sur un avion équipé
de commandes
manuelles.

Sur un terrain d'aviation,
tout m'amuse, y compris
passer trois quarts d'heure
avec mes amis à sortir
l'avion du hangar au moyen
d'un tracteur de jardin bricolé !

Avec Pierre Harquin,
l'instructeur aux treize mille
heures de vol, qui m'a prise
sous son aile jusqu'au brevet.

À présent, j'ai le droit d'arborer
la même combinaison que
les héroïnes de mon enfance…

À Tarfaya, sur les traces de l'Aéropostale, une étape de mon premier grand rallye, le fameux Toulouse-Saint-Louis du Sénégal, avec mes coéquipiers Eugène (à gauche) et Daniel (à droite).

Notre équipe remporte le rallye. Mon père (à gauche) est venu nous féliciter. C'est la consécration.

L'un de mes plus jolis souvenirs : le soir où des femmes marocaines me métamorphosent en petite fiancée sahraouie.

Avant moi, aucun pilote handicapé n'avait concouru au Tour aérien des jeunes pilotes.

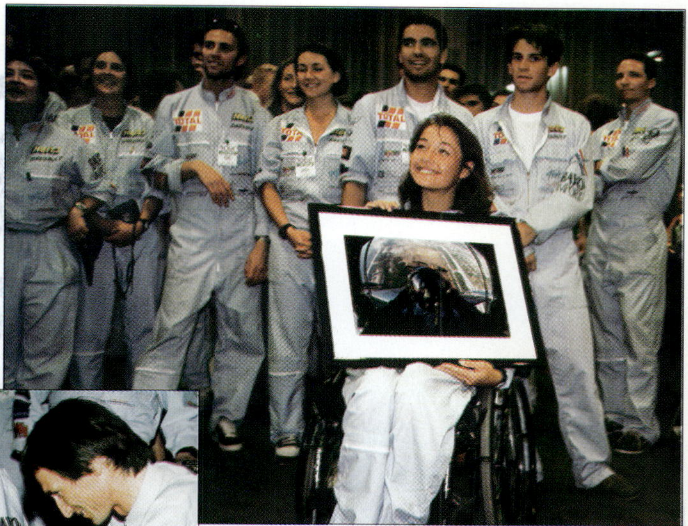

C'est une étape décisive dans ma vie, une belle expérience aéronautique et humaine.

L'aviation m'a également permis de côtoyer des personnalités aussi attachantes que Scott (ci-dessus), commandant de bord d'un DC 8, lors d'un stage en Californie, et Serge Dassault au Salon du Bourget.

Quand
je redescends
sur terre,
je vis comme
toutes les filles
de mon âge …

Sauf mention contraire, les photos proviennent de la collection personnelle de l'auteur

sans me laisser
enfermer
dans aucun
ghetto.

© Matt Jacob

des jauges, le paysage a évolué et je suis complètement perdue !

« Ben, euh... je cherche ma route ! » Après tout, autant rester naturelle et décontractée. Même en me concentrant, je ne reconnais plus rien ! Je dessine un cercle dans le ciel, repère l'autoroute mais pas le château d'eau qui matérialise le point Écho. J'aurais dû voir une ligne de chemin de fer, un village... Bon sang, mais où suis-je ? Tout d'un coup, le château d'eau apparaît juste à ma verticale. Le soleil qui se reflète dessus en a légèrement modifié l'aspect et je ne l'ai pas vu.

J'annonce à la tour de contrôle « YZ verticale point Écho à trois minutes de la vent arrière 28 » tout en jetant un coup d'œil à mon examinateur : il a le sourire mystérieux et impénétrable du bouddha.

Après l'atterrissage, il me garde encore un bon moment dans l'avion, récapitulant en détail la liste de mes bons et de mes mauvais points. Il me reproche principalement de ne pas assez regarder autour de moi : il n'a pas aimé que je me perde dans la nature ! En revanche, il apprécie ma sérénité à bord, l'ensemble de ma navigation, me félicite pour mon savoir-faire « remarquable » lors de la simulation de la panne moteur, et pour la bonne gestion des réservoirs. En résumé : sérieuse, talentueuse... et un peu tête en l'air ?

« Bon, vous l'avez, votre test, conclut-il, mais il faudra continuer à faire des heures ! » Et puis il ajoute à mi-voix : « À propos, tout à l'heure, vous étiez bien sortie de la zone militaire, mais je voulais tester vos capacités de self-control... »

Oh, le culot ! Je suis trop heureuse pour lui en vouloir, mais, bon sang, je ne l'ai pas volé, ce brevet ! Un mois plus tard, je reçois le fameux papier rose annonçant l'arrivée imminente de mon diplôme.

Pour fêter ce succès, le président de l'aéroclub de Lasbordes réunit dans ses locaux quelques amis, les instructeurs, Eugène Bellet, un copain pilote (qui me fait miroiter un rallye en Afrique), ainsi que deux filles qui viennent également d'obtenir leur brevet. Quand on sait que les femmes ne représentent que 7 % de la population des pilotes privés, l'événement vaut le coup d'être signalé à *La Dépêche du Midi* qui, pour l'occasion, nous fait l'honneur d'un article et d'une photo dans ses pages !

Mon brevet flambant neuf en poche, il me tarde d'aller explorer tous les recoins de la planète. Eugène n'a pas oublié sa promesse : six mois plus tard, il va me proposer de participer au rallye Toulouse / Saint-Louis du Sénégal, un grand classique des sports aériens qui permet aux pilotes de refaire le trajet de la légendaire Aéropostale. Ce périple propice aux rencontres exotiques et chaleureuses, je l'ai fait mille fois dans ma tête ! J'imaginais le survol du désert, les soirées à écouter de la musique sous les tentes, autour d'immenses plats de couscous, la gentillesse des Maghrébins et des Sénégalais... Moi qui n'avais jamais franchi les frontières hexagonales, j'allais survoler l'Espagne, la côte marocaine et le désert, la Mauritanie, avant d'atterrir à Saint-Louis à l'embouchure du fleuve Sénégal. Afrique, me voilà !

Lorsque mon père m'avait surnommée « Mermozette », il ignorait que je me lancerais sur le parcours de son aviateur préféré si peu de temps après avoir obtenu mon brevet de pilote. Voler sur les traces des pilotes pionniers de l'Aéropostale, découvrir les lieux magiques rendus immortels par Antoine de Saint-Exupéry dans *Le Petit Prince* ! C'est un de mes rêves d'enfant et il va se réaliser ! Jamais je n'aurais pu réunir l'argent nécessaire à la participation ni trouver des sponsors. Mais, au bout du fil, Eugène, qui participe au rallye pour la onzième fois, me convie en toute simplicité à rejoindre son équipe. Il dirige un centre de rééducation professionnelle pour adultes handicapés et a été à l'origine de l'adaptation en commandes manuelles de notre Rallye 100 CV. Lorsque j'ai obtenu mon brevet de pilote à Toulouse, il m'a fait cette confidence assez troublante : « J'ai deux passions dans la vie : le handicap et l'aviation. Et toi, tu es l'incarnation des deux ! »

Mon cœur bondit dans ma poitrine : le départ est dans quinze jours, je ne serai jamais prête ! Eugène me dresse rapidement la liste de tous les papiers, cartes, vaccins nécessaires à l'expédition. Je n'ai rien de tout cela ! En raccrochant, je suis dans un tel état d'excitation que le sommeil s'envole comme par enchantement. Je passe la nuit penchée sur une carte de l'Afrique à établir, avec un copain pilote, un plan d'organisation et à réviser les connaissances techniques et historiques indispensables pour la compétition. Le lendemain, à la première heure, je cours à la préfecture en priant qu'il ne soit pas trop tard. Un fonctionnaire conciliant me promet d'accélérer la procédure pour l'obtention du passeport. Le rassemblement des équipages est prévu, comme chaque année, à Toulouse, mon terrain de prédilection. Heureuse coïncidence !

Le samedi 6 octobre 1995, je suis au rendez-vous avec le minimum de bagages, ainsi qu'on me l'a fermement conseillé. De toute façon, l'organisation dirigée par André Sabas prévoit des combinaisons rouge vif pour tous les participants. Les retrouvailles avec le petit aérodrome de Balma-Lasbordes m'émeuvent infiniment : ici même, j'ai réappris à voler alors que je pensais avoir fracassé mon rêve en même temps que ma colonne vertébrale. Et aujourd'hui je vais m'envoler vers l'Afrique...

Mes équipiers, Eugène Bellet et Daniel Vacher, ingénieur à Supaéro, tous deux déjà vainqueurs du rallye, m'attendent impatiemment devant un avion couleur émeraude, un Robin DR 380, baptisé *Le Prince*. Il est convenu qu'au retour, Eugène prendra la ligne à Dakar et moi les commandes aux côtés de Daniel sur cet avion dont je ne connais ni les paramètres, ni la conduite. Challenge supplémentaire, l'avion n'étant pas équipé manuellement, Daniel devra expérimenter un mode de pilotage inédit : « être » mes jambes lors des moments délicats de l'atterrissage et du décollage, tout en me laissant la maîtrise du vol. Et cela dans une coordination parfaite de nos gestes et de nos pensées. Mais pour l'heure, il faut procéder à notre installation (les minivalises dans le coffre, le fauteuil plié d'un côté et moi de l'autre, le tout à l'arrière) et à la distribution des rôles : en bon commandant de bord, Eugène veillera à la conduite de la machine, au respect des temps imposés et aux épreuves d'atterrissage de précision. Daniel, le copilote, se chargera de la navigation, de la radio et de toute la documentation. Quant à moi, j'aiderai à affiner le suivi de la route, et participerai aux épreuves théoriques et techniques : réglementation aéronautique et histoire de l'aviation, estimation de la consommation de carburant au litre près, identification des repères au sol... Nos méthodes de travail, différentes mais complémentaires, l'ambiance de rigolade et de franche camaraderie vont contribuer aux excellents résultats à venir. « L'équipe du Breguet-XIV » : c'est ainsi qu'Eugène nous baptise, en mémoire des premiers avions utilisés sur les lignes Latécoère, mais aussi parce que mes deux compagnons, des passionnés chimiquement purs, ont entamé la construction d'une réplique de l'appareil légendaire.

Je vais m'enivrer d'images et d'odeurs dépaysantes jusqu'à l'extase. J'attendais cela depuis si longtemps ! Franchir les Pyrénées, survoler le détroit de Gibraltar, contempler la mer, le désert et le sol africain ! M'affranchir, des heures durant, des rouages d'acier qui me soudent à la terre, des cliquetis incessants et des secousses saccadées pour m'élever, enfin, et me laisser bercer par le ronronnement du moteur comme autant de délicats battements de cœur...

Les premiers jours, j'ai du mal à contenir mon émotion : tant de splendeurs provoquent en moi une envie de recueillement et la majesté de ce nouveau monde me bouleverse jusqu'aux larmes. Tel un oiseau, je migre, comme portée sur le lit du vent, légère. Moi, dont un pan entier de la mémoire est gravé sur des cimes de sapin, j'ai du mal à embrasser toute l'étendue de la beauté qui m'est offerte ici. Soixante-dix ans après, je contemple les paysages que Saint-Exupéry, Guillaumet, Reine ou Mermoz ont défrichés et admirés... Plus tard, au cours du voyage, Eugène me racontera avec exaltation les grands moments de l'épopée de la Postale, et surtout les anecdotes inédites que lui ont confiées les descendants des pilotes ! Il connaît leur histoire dans les moindres détails.

De ce premier rallye du Sénégal, je garderai aussi en mémoire le sourire nacré des femmes sahariennes, leurs mains peintes au henné caressant mes cheveux bruns, le regard clair des bédouins sur nos équipages, les jeux des enfants entre les avions, et tous ces noms de villages comme autant de diapositives...

Toulouse. Amandine, ma petite sœur, est venue avec mon père pour le départ. De grosses larmes roulent sur ses joues. Elle a peur pour moi. « Pourquoi tu pars ? T'es déjà tombée une fois ! » sanglote-t-elle. Je la serre dans mes bras pour la réconforter. « Ne t'inquiète pas, ma chérie, je ferai attention ! Tu sais, c'est important pour moi de continuer à voler, c'est tout ce que j'aime, ce qui me rend heureuse... Je reviendrai très vite »

Les dernières informations météorologiques ne sont pas très optimistes. Le plafond est très bas. « Si ça continue, on va labourer les champs... » constate Eugène. Au-dessus des Pyrénées, les nuages accrochent la montagne, d'autres coulent comme de la lave sur les pentes d'un volcan.

Alicante. Première étape en Espagne. Après plus de quatre heures de vol sans difficulté notable, la tour de contrôle nous autorise à pénétrer dans la zone d'approche. La première épreuve consiste à estimer un angle à partir de deux demi-droites matérialisées par des bandes de tissu rouge. Eugène me demande de prendre une photo au Polaroïd en espérant que l'angle sera plus facile à déterminer à partir d'un cliché. Malheureusement, le temps de trouver notre cible et de la viser, nous l'avons dépassée ! Et pas question de faire demi-tour : ce serait disqualifiant et surtout trop dangereux car les avions se suivent sur une même trajectoire, de deux minutes en deux minutes. Aïe, ça commence mal ! Arrivés à l'étape, nous attendons les résultats avec un peu d'inquiétude. Heureusement, la pénalisation n'est pas éliminatoire. Le soir, autour de poissons grillés et de vins parfumés, puis dans la fraîcheur de la magnifique palmeraie d'Elche, chacun fait connaissance et l'on me présente, comme toujours, en racontant ma petite histoire...

Plus tard, allongée sur l'herbe tendre, je me fonds dans un ciel étincelant d'étoiles. Je songe à la course mais aussi à l'avenir qui se dessine. Soudain, la signature blanche d'un avion me sort de ma rêverie. Je tends le bras, je voudrais l'attraper et naviguer avec lui dans les hautes sphères. Mais il est trop haut et mon corps est si lourd ce soir ! Près de moi repose un autre compagnon de voyage, mon livre de chevet, une ode à la vie, *Les Aviatrices* de Bernard Marck.

Tanger. Le lendemain, après avoir contemplé les sommets enneigés de la sierra Nevada au sud de l'Espagne, nous survolons le rocher de Gibraltar encapuchonné de brume. Je repense à Mandie, ma petite rose abandonnée avec ses inquiétudes sur l'astéroïde B 612. Peu de temps après, la ville blanche apparaît. Au pied de la chaîne ocre du Rif, on nous attend déjà sur le parking. Les petits cadeaux, stylos, casquettes et gadgets que nous distribuons en arrivant nous permettent de régler les formalités administratives et d'expédier les pleins d'essence. Quel accueil ! En notre honneur, les femmes du village ont cuisiné un énorme couscous de légumes et rôti plusieurs moutons. Des plateaux de gâteaux dégoulinants de sucre, d'amandes et de miel semblent guetter l'assaut de notre gourmandise. Je surveille avec impatience la fin du repas pour déguster le fameux thé à la menthe, dont il ne faut boire que deux verres car, selon le proverbe :

La première fois est suave comme l'amour,
La deuxième est amère comme la vie,
Et la troisième âpre comme la mort.

Et moi, je ne mourrai jamais !

L'après-midi, nous allons visiter les souks et nos pas nous mènent chez l'incontournable marchand de tapis. Dans les ruelles sombres et encombrées de lampes, de plateaux, de rouleaux de tissu et de jarres débordant d'épices, les hommes marchent en se tenant le bras, du hammam au café. Le soir à l'hôtel, fourbue et grisée par ces premiers parfums d'Orient, je repère la douche avec délices et découvre l'avis suivant posé en équilibre sur un robinet qui fuit : « Sécheresse. Ne pas gaspiller l'eau. » Pendant de longues minutes, je laisse couler sur mon visage et mes cheveux un mince filet du précieux liquide glacé... Suprême volupté.

Casablanca. Au terme du vol, sur la fréquence radio de la tour, une voix féminine informe les pilotes que la piste d'atterrissage se trouve dans l'axe de la mosquée. Renseignement qui s'avère fort utile tant l'aérodrome, noyé sous la brume maritime, se confond avec la multitude d'habitations aux murs virant sur le gris et aux toits crevés. Les conditions de survol des agglomérations étant moins strictes qu'en France, on distingue très bien l'intérieur des cours où sèche le linge bigarré, les maisons éventrées d'où jaillissent des tiges de fer. Les paraboles fleurissent même sur les logis les plus pauvres. Dans ce pays, on ne paie pas d'impôt foncier sur une maison qui n'est pas achevée. Les travaux ne sont donc jamais terminés.

À l'arrivée, ma curiosité me mène jusqu'aux hangars de l'aérodrome. Là, je déniche une plaque commémorative à l'effigie de Mermoz en hommage aux pilotes de l'Aéropostale.... et, waou, quelle surprise ! Un vieux Constellation de la Royal Air Maroc, au fuselage zébré de rouge, termine paisiblement ses jours sur le parking. Comme un dinosaure qu'on aurait oublié.

Tarfaya. Le lendemain, après une courte escale technique à Agadir, nous repartons en direction de Tarfaya, haut lieu de l'Aéropostale, entre océan Atlantique et mer de sable. Le long des falaises, des assemblages de toiles et de tôles attirent mon attention. Je fais signe à Eugène de descendre un peu. D'immenses vagues roulent au pied de la roche effritée, projetant des embruns jusque sous nos ailes. Sur de fragiles surplombs, des pêcheurs sahraouis surveillent leurs cannes longues de plusieurs dizaines de mètres ! Ils sautent de joie et lèvent leurs bras au ciel lorsque, en signe d'amitié, Eugène inscrit des cercles au-dessus de leurs têtes. Des enfants bondissent comme des cabris de rocher en rocher, en poussant des cris vers nous. Dans l'estuaire d'un oued desséché, des flamants roses prennent leur envol. D'un geste, Eugène attrape la caméra pour capter cet instant de grâce... en oubliant complètement le temps imposé !

Nous approchons à présent de Tarfaya, village mythique, créé avant-guerre afin de ravitailler les Breguet-XIV qui n'avaient pas l'autonomie suffisante en carburant pour traverser le désert. « En 1927, Saint-Exupéry y a passé dix-huit mois. Il était chef d'aéroplace, mais il jouait aussi un rôle de diplomate car on craignait l'hostilité des rebelles qui écumaient la région. Saint-Exupéry adopta un renard des sables, un fennec [1]. » Sans doute est-ce ainsi qu'est née la célèbre rencontre... Le Petit Prince apprivoise peu à peu le renard et ils deviennent uniques l'un pour l'autre. Le renard lui livre alors son secret : « On ne voit bien qu'avec le cœur. L'essentiel est invisible pour les yeux. » Dans la foule, qui reconnaît-on si ce n'est celui à qui l'on accorde sa confiance ?

L'épave d'un navire rouillé nous indique la proximité de la piste. Éblouie par la réverbération du soleil sur les grains de sable, je n'arrive pas à la distinguer et Daniel vient à mon secours. Sur la plage, une large traînée de poussière bordée de cailloux ressemble à ce qui dut être une piste, mais le vent et la roche concassée en ont modifié l'apparence selon leurs caprices. Chaque année, les organisateurs du Toulouse / Saint-Louis la reconstruisent en balayant le désert. Elle ne sert plus qu'à l'occasion du rallye. À l'arrivée, les enfants courent derrière les avions avant même qu'ils aient touché le sol. Le peuple aux turbans indigo s'est tenu à l'écart jusqu'alors, mais, ici, il s'ap-

1. Extrait du magazine *Terres lointaines*, mars 1999.

proche et je découvre, fascinée, les visages tannés aux yeux parfois étonnamment clairs et les cheveux emmêlés que l'humidité océane a noués en tresses. Les enfants tournent autour des petits avions et touchent craintivement les tôles tièdes comme s'ils avaient affaire à des animaux imprévisibles. Ce soir, nous dormirons tous ensemble sous un ciel de toile bariolée. Des femmes coiffées et parées viennent nous accueillir en égrenant toute la litanie de leurs salutations de bienvenue. Dans le Sud marocain où il fait toujours beau, on se soucie plus de la santé de ses proches que de la météo ! Parmi elles, Aziza, jolie petite Saharienne, nous fait découvrir dans un français parfait son village et ses coutumes. Elle me raconte les histoires qui lui ont été transmises par ses ancêtres sur le passage des pilotes de l'Aéropostale, que les gens appelaient ici les « oiseaux de nuit ». Sur le sable, la sculpture en métal d'un Breguet-XIV érigé en monument, rouillée par les embruns, rappelle l'épopée glorieuse. Mon esprit vagabonde et se perd le long des ruelles prises sous l'étau de la sécheresse, il se cogne aux murs de terre glaise. Ici, l'étoile du Petit Prince a pâli, le sable ronge les villages mais pas encore le cœur des hommes.

Le soir, des parfums d'épices et de miel flottent sur tout le campement où des musiciens et des danseurs traditionnels viennent nous divertir, nous berçant de leurs chansons. L'un d'eux nous étonne en reprenant tout le répertoire de Brel ! Autour d'un tajine aux olives et d'un grand plat de couscous (jamais je n'ai mangé autant de semoule !), je discute longuement avec un ancien responsable de la Direction générale de l'aviation civile (D.G.A.C.) à l'esprit un peu plus ouvert que certains de ses collègues. « Tu vas au casse-pipe comme tous les porte-drapeau, me dit-il d'entrée de jeu, mais seules des personnes comme toi pourront faire avancer les choses. Les handicapés font peur à la profession... alors, vas-y, fonce, car personne ne le fera pour toi !... » La musique, les arômes sucrés m'enivrent, mes yeux se ferment doucement. Des femmes s'approchent de moi et m'emmènent à l'écart pour me métamorphoser en une petite fiancée sahraouie ! Elles m'habillent, me maquillent, me teignent les mains au henné, me parfument jusqu'à l'écœurement.

Ah, chère Aziza, mon amie du désert, je n'ai pas pu tenir la promesse que je fis ce soir-là, de t'embarquer à bord de mon avion pour voir ton pays « d'en haut », comme tu disais. Mais je ne t'ai jamais oubliée, ni ma peau la caresse brûlante de l'Afrique...

Dakhla. Le lendemain, décollage face à la mer et virage au-dessus d'un fort espagnol, direction Dakhla. Les avions volent groupés le long de la côte couleur caramel, montent et descendent comme des mouettes. Puis nous suivons un long et monotone serpent de bitume sous un soleil de plomb. Mes jambes gonflées me font souffrir et une nausée diffuse annonce l'arrivée imminente de la turista ! Sur le tarmac fumant de l'aéroport de Laayoune où nous faisons escale, le ravitaillement s'éternise, les militaires se montrent irritables, interdisant la moindre photo. La tension gagne les pilotes. Nous quittons cet endroit peu hospitalier avec soulagement. Le soir, sur la péninsule de Dakhla, l'équipe est totalement épuisée. La chaleur insupportable dans l'habitacle de l'avion et le manque de sommeil mettent nos organismes à rude épreuve. Après dîner, avant de nous effondrer sur nos lits de l'hôtel Le Doumss, nous nous promenons près du bord de mer pour profiter de la fraîcheur bienfaisante et des effluves d'hibiscus. Bras dessus, bras dessous, de jeunes militaires rigolards nous saluent bruyamment. Au cours de notre promenade, Eugène me montre une plaque d'égout qui porte l'inscription *Villa Cisneros*, comme un rappel de la présence espagnole mais aussi de la compagnie Latécoère.

Le lendemain, escale à Nouadhibou, où tous les équipages remettent aux dispensaires les sacs de médicaments qu'ils apportent de France. Ici, l'eau coûte plus cher qu'un litre d'essence et les moyens de se soigner sont quasi inexistants... Au cap Blanc, des policiers peu scrupuleux nous réclament une « taxe » pour aller voir nager les phoques moines, seuls spécimens de cette espèce à batifoler en eaux chaudes. En Afrique, les bakchichs et autres formes de racket fleurissent au gré des humeurs et des circonstances. Sur la plage nous regardons, médusés, les taxis, de vieilles Renault 14 vertes, hoqueter, caler et s'ensabler puis repartir les uns après les autres ! Est-ce l'ivresse de la fatigue ou l'effet de la chaleur, nous balançons sans cesse entre crise de nerfs et crise de rire.

Le Sénégal. C'est dire notre soulagement quand nous arrivons à Saint-Louis, la dernière étape de ce parcours long de 5 000 kilomètres. Daniel et moi sommes pris d'un fou rire lors de l'ultime épreuve de temps imposé : notre chrono tombe en panne deux minutes avant le relevé ! Par chance, Eugène, vieux loup des mers de sable, rattrape le coup en sortant de sa poche, comme un magicien de son chapeau, son propre instrument de mesure. Sauvés ! À l'ouverture de l'habitacle, des danseurs en boubou nous accueillent au son des djembés. Un taxi de brousse, tas de ferraille version luxe, nous emporte vers le centre-ville sur des routes qui font craindre une crevaison tous les dix mètres.

Dans les années 20, les pilotes de l'Aéropostale se retrouvaient à l'hôtel de la Poste, situé le long du fleuve Sénégal. Mermoz, dont on vante les qualités de pilote et qui était aussi un homme sensible, volontaire et bienveillant, réservait toujours la chambre n° 19. Par l'entrebâillement de la porte, je jette un œil dans la pièce aux tentures ouvragées et l'imagine étendu sur le lit, les yeux clos, goûtant un repos bien mérité après d'interminables heures de vol.

Au bord du fleuve, sous les palétuviers, des estrades ont été montées pour que nous assistions à une course de pirogues. Je n'en avais jamais vu d'aussi longues et effilées ! Le spectacle est grandiose. De jeunes Sénégalais se livrent à des jeux de force et font saillir leurs muscles luisants avec des cris exprimant l'effort et la douleur. Autour de nous les enfants grouillent, s'approchent et nous regardent en souriant, la bouche grande ouverte sur leurs petites perles blanches. Beaucoup marchent pieds nus, leurs tee-shirts sont sales ou en lambeaux, mais ils rient et se bousculent pour nous toucher.

La nuit tombe déjà et sur la terrasse de l'hôtel de la Poste où les pilotes se regroupent pour l'annonce des résultats, les moustiques fondent en escadrilles sur les lampions. Des enfants jouent au foot dans la rue, écarquillant les yeux pour ne pas perdre leur ballon, le vendeur de cartes postales monte le son du poste de radio pour les infos du soir ; les femmes préparent le riz aux arachides et le yassa de poulet. Tout est d'une tranquille agitation. La chaleur nous accable, avec un taux d'humidité qui rend l'air irrespirable.

Après calcul des temps réalisés, des pénalités et des épreuves théoriques, le résultat tombe : notre équipage est classé premier sur les quatorze concurrents. C'est la consécration ! Nos performances étaient bonnes, je le savais, mais je n'imaginais pas un tel succès ! Eugène et Daniel se congratulent et je leur saute au cou pour les embrasser. Même si je n'ai apporté qu'une modeste contribution à cette victoire, je suis fière d'être restée avec eux jusqu'au bout, et d'avoir supporté le rythme du rallye, la chaleur et la fatigue.

Au Flamingo Bar où se déroule la remise des prix, en présence de l'adjoint au gouverneur, Mamadou Dramé, et de René Révoltier, consul général de France à Saint-Louis, l'heure est à la fête ! Nous recevons un trophée et les encouragements du consul. On m'entoure, on me félicite, je me laisse griser délicieusement. Dans le restaurant de poisson où l'on trinque à notre victoire, je détaille au plafond les fresques retraçant le parcours de l'Aéropostale et des extraits du livre de Mermoz, *Mes vols.* Ici, tout rappelle la splendeur passée de la ligne légendaire.

Le soir, tandis que je m'écroule sur mon lit, repue de sensations fortes, j'entends dans le couloir l'amour qui passe. Bruits de pieds nus sur le plancher, frôlements d'ongles laqués sur les murs, rires étouffés. Des petites Sénégalaises, belles et galbées, grattent le bois des chambres et murmurent « C'est l'amour qui frappe à ta porte »...

Au retour, comme prévu, Eugène file à Dakar pour ses obligations professionnelles et moi, je prends les commandes pour remonter avec Daniel en direction de Toulouse. Daniel, qui est aussi instructeur à Lasbordes, profite de ce moment pour affiner mon pilotage en me donnant quelques bons tuyaux. Nous pilotons en duo, lui aux palonniers, moi au manche, dans une synchronisation souvent troublée par un fort vent de travers. Entre Saint-Louis et Dakhla, étape sans escale de plus de quatre heures, nous essuyons une spectaculaire tempête de sable. Le paysage s'estompe autour de nous et Daniel est contraint d'utiliser les instruments de navigation pour tenir l'horizon. En dessous, c'est la fournaise, des braises incandescentes semblent recouvrir les dunes décapées comme si la nature était en décomposition. Une véritable vision de l'enfer ! À l'intérieur du cockpit, la chaleur est telle qu'il nous faut lutter contre l'engourdissement. Voilà bien les deux visages du désert : à la fois beau et hostile, lieu de méditation ou de déchaînement, terrain d'une autre planète sur lequel d'énormes gouttes d'eau, tombées de la nuit des temps, auraient creusé des cratères.

Arrivée sur l'Hexagone, traversée des Pyrénées. C'est la fin du voyage. La chaîne de montagnes est recouverte de nuages sans la moindre trouée. Je me sens calme, heureuse. Mais, malgré moi, je m'entends demander d'une toute petite voix : « Daniel, que se passerait-il si nous avions une panne moteur, là, tout de suite ? » Aucune panne moteur ne vient ternir ce retour et nous rejoignons Toulouse un peu plus tard. L'année suivante, je parviendrai à réunir assez d'argent pour repartir sur le Saint-Louis du Sénégal à bord d'un DR 400, avec Daniel au poste de pilotage et mon père dans le rôle de l'observateur. Je lui dois bien ça ! Depuis toujours, il rêve de voler sur les traces de l'Aéropostale. Et à nouveau, grâce à notre entraînement, notre équipage se distinguera en emportant la deuxième place !

Déjà les visages du rallye, les silhouettes bleues du désert s'estompent, je range les cartes de l'Afrique et mon passeport, un peu de sable entre les pages. La fleur d'hibiscus que j'avais glissée dans mon carnet de vol s'échappe, séchée, fragile, et je la ramasse avec une dernière pensée pour le continent qui continue à me brûler la peau. Oui, l'aventure est terminée, mais la phrase du pilote de la D.G.A.C. me trotte toujours dans la tête : « Tu vas au casse-pipe, comme tous les porte-drapeau... » Elle résonne différemment selon l'humeur du jour. Lorsque l'évidence s'était imposée à moi que je ne remarcherais plus et qu'il fallait faire le deuil de mon ancienne vie, j'avais accusé le coup avec rage et désespoir et tenté le plus rapidement possible de retourner les événements en ma faveur. Puisque tout serait plus difficile dorénavant, la lutte allait me grandir et me fortifier. J'étais différente désormais, *di-ffé-ren-te,* et ce mot pouvait aussi bien signifier « diminuée, affaiblie » que singulière, originale, surprenante »... Il ne tenait qu'à moi de montrer de quoi j'étais capable. Je positivais, de façon excessive, sans doute, mais j'étais comme un soldat qui se motive avant de se jeter dans la bataille.

Le véritable traumatisme, inacceptable dans ma situation, s'est cristallisé au fil des ans à force de me heurter à des résistances, des refus. À ce jour, je peux voler autant que me le permettent mes modestes moyens, mais on m'interdit de vivre de mon brevet de pilote. Sur ce point, l'administration est intraitable : en France, aucun handicapé ne peut être professionnel, que ce soit en tant qu'instructeur ou comme simple convoyeur de fret. Et la nouvelle réglementation entrée en vigueur ne prévoit aucune dérogation possible. Depuis cinq ans, d'autres paraplégiques et moi-même travaillons à faire pencher la balance en notre faveur mais le temps passe en attentes vaines et en rendez-vous inutiles. Combien d'années faudra-t-il encore avant de nous faire entendre ? Chacun de nous veut se rendre utile à la société, moi comme les autres. Quelques heures dans une journée, sentir que l'on n'est pas une charge, une assistée ! Quoi de plus légitime que de rompre son isolement social en participant à l'effort collectif ? Et quel sens cela a-t-il de faire des tours de piste sur un aérodrome si je ne peux pas mettre mon talent au service de ceux qui m'ont soutenue et qui pourraient avoir besoin de moi ? Je sais que jamais l'on ne me confiera la direction d'un avion de ligne et je ne le demande pas, mais pour quelles raisons ne pourrais-je surveiller le trafic des autoroutes en été, suivre l'évolution des incendies sur les lieux à risque, participer à la recherche de voiliers en perdition, ou encore parachuter des vivres sur des populations sinistrées par la sécheresse ? Il y a tant à faire, pourquoi refuse-t-on mon aide ?

Quoi qu'il en soit, je continue de me perfectionner et me prépare à participer à un rallye hors norme. Véritable référence en matière de pilotage, le célèbre Tour aérien des jeunes pilotes sélectionne, chaque dernier week-end de mai, une soixantaine de pilotes âgés de dix-huit à vingt et un ans justifiant d'un nombre conséquent d'heures de vol et d'un bon niveau de compétence technique. Outre les épreuves théoriques, ce rallye comporte des tests de pilotage de précision en termes de navigation et de maniabilité comme, cette année-là, en 1996, la réalisation d'un arc de cercle de 180 degrés ou d'un rond parfait, ainsi qu'une estimation du carburant au litre près. Sur les vingt-sept concurrents sélectionnés pour la région Sud-Ouest, je me classe à la cinquième place, ce qui me vaut une ovation à faire pâlir de jalousie un ministre lors d'un dîner de cérémonie présidé par Serge Dassault ! C'était alors ma seconde tentative, j'avais échoué la première fois. J'apprends à cette occasion que jamais un pilote handicapé n'a été concurrent à cette course. Et, à ma connaissance, l'expérience ne s'est pas renouvelée.

Ce périple à travers la France, long de 3 000 kilomètres, comporte dix étapes et mon carnet de vol s'enrichit des tampons des villes de Bordeaux, Pau, Rochefort, Aurillac, Bourg-en-Bresse, Montbéliard, Épernay, Luxembourg, Dieppe et Lille. À chaque décollage et atterrissage, une soixantaine d'avions quadrillent le ciel, sans compter ceux de la caravane qui assurent une représentation aux étapes. Tous les matins, nous courons du car à la salle de briefing, du briefing à l'avion et de l'avion à la salle de briefing ! Dans nos combinaisons bleu clair, on dirait une nuée de petits insectes ! Chaque pilote emporte avec lui le « Bayolog », un instrument « mouchard » qui enregistre toutes les six secondes la position de l'appareil et sa trajectoire à l'horizontale et à la verticale. À l'issue de chacune des étapes, les moindres écarts de distance et d'altitude sont relevés par les commissaires pour être comparés au trajet théorique idéal. Malgré cela, au départ d'Aurillac, je ne résiste pas au plaisir de faire un crochet avec mon Rallye pour survoler la verticale du plan d'eau de Noirétable. Cette petite fantaisie me vaudra un maximum de points de pénalités !

C'est à cette escale que je fais la connaissance de Gaston Jankiewicz, un « marin volant », ainsi que le surnomment les anciens mécaniciens naviguant de l'aéronautique navale. Il va très vite devenir l'un de mes proches. Les organisateurs du rallye m'accordant l'autorisation de me garer sur le tarmac, tandis que les autres avions s'alignent le long de la gazonnée, je me range à côté de la « forteresse volante », le bombardier B-17 auprès duquel discutent Gaston et ses amis de l'amicale Jean-Baptiste Salis de La Ferté-Alais. Un jeune animateur vient vers moi pour m'aider à descendre. Gaston n'a pas vu la chaise cachée derrière le fuselage du petit Rallye. Lorsque le jeune homme me prend dans ses bras pour contourner l'avion jusqu'au fauteuil, Gaston nous regarde, éberlué : « Ben, elle s'en fait pas, celle-là ! Se faire porter comme une princesse, elle manque pas d'air ! C'est la première fois que je vois ça sur le Tour ! » Quelle n'est pas sa surprise lorsqu'il me voit débouler devant lui sur mon petit fauteuil ! « Oh, merde alors ! » s'exclame-t-il. Notre amitié est née. Depuis Gaston veille sur moi, à sa façon. Il est là au moindre souci d'ordre administratif, pour appuyer une demande ou rédiger un courrier. « Tu es ma deuxième fille ! » me répète-t-il souvent.

À Pau, j'ai bien cru que le rallye était terminé pour moi. Tandis que je manœuvre l'avion sur le taxiway pour l'étape du jour, le frein gauche se bloque. À part de magnifiques 360 degrés au sol, je ne peux pas faire grand-chose ! Les mécanos du Tour s'escriment sur la machine : en vain, le frein reste bloqué. Un mécanicien de l'aéro-club de Toulouse qui connaît bien l'avion pour avoir lui-même installé l'appareillage est dépêché en urgence et vient réparer sur place. Je repars avec les derniers concurrents. J'ai eu chaud !

Cette épreuve est à l'origine d'une autre très belle rencontre, celle de Brigitte Revelin-Falcoz, commandant de bord de profession, qui a rejoint la caravane du Tour dont elle fut jadis concurrente. Il se dégage d'elle un tel charisme qu'une complicité immédiate s'installe entre nous. Plus que tout, j'aime la volonté farouche qui anime son regard bleu, clair comme le ciel au-dessus des glaciers. À l'issue des étapes, Brigitte vient me voir pour discuter du vol du jour... et prendre des nouvelles de mes « fesses » ! Cette sensibilité aux petites choses du quotidien, cette attention toute maternelle me touchent infiniment.

« Nous sommes de la trempe des pionnières de l'aviation ! » me dit-elle, le premier jour de notre rencontre. Brigitte aussi s'est heurtée à bien des réticences. Sa carrière et son évolution sont à l'image de sa passion pour l'aéronautique. « Je voulais être oiseau, me dit-elle, et comme à l'époque l'E.N.A.C. [1] était interdite aux femmes, j'ai commencé à voler en aéro-club. » La filière de formation la plus difficile car elle suppose beaucoup de persévérance et d'organisation.

Après des mois de vol en aéro-club, Brigitte décida d'exprimer une ambition tout à faire légitime : devenir pilote de ligne. Elle écrivit à la direction du personnel d'Air Inter. La réponse ne se fit pas attendre : pas question de confier à des femmes les commandes de machines aussi coûteuses que des avions de ligne ! « J'étais tellement furieuse que j'ai déchiré la lettre... », dit-elle en riant.

Il fallut attendre sept années avant qu'une femme ne soit embauchée par la compagnie nationale et Brigitte lui emboîta le pas. « Le machisme dans la profession s'est éteint de lui-même, heureusement... J'ai profité de l'évolution des mœurs. Mais tout de même, ce fut un sacré tour de force ! »

1. École nationale de l'aviation civile.

Elle me raconte que quelques années plus tôt, une vieille dame avait exigé de descendre de l'avion quand elle avait compris que l'équipage était exclusivement féminin ! « Avant d'entamer le roulage, j'ai dû me présenter à elle, la rassurer, mais rien n'y a fait. Elle a pris ses affaires et quitté l'appareil. » Les attitudes rétrogrades ont la peau dure. « À mon avis, cette dame ne devait même pas avoir son permis de conduire ! » ajoute Brigitte avec un clin d'œil.

Grâce à elle, je fais la connaissance de son amie la cosmonaute Claudie Haigneré, lors de la grande soirée annuelle de l'aéro-club de France, au cours de laquelle on nous remet une médaille. Une grande pour Claudie... une petite pour moi. La joie de me retrouver entre ces deux femmes talentueuses, belles et si chaleureuses, est immense !

Le 41e Tour aérien des jeunes pilotes représente une étape décisive dans ma vie, une expérience aéronautique et humaine particulièrement enrichissante. Finalement, après bien des péripéties, je me classe à la 31e place sur 65 concurrents. La solidarité entre les pilotes, les commissaires de la course et les membres de la caravane est rare, exemplaire. L'installation particulière de mon avion suscite de nombreuses questions et ces échanges renforcent les liens d'amitié tissés au fil des jours. Au cours de ce rallye, j'ai rencontré tout ce que l'aéronautique civile et militaire compte de décideurs, dont beaucoup se disent prêts à soutenir mes engagements.

Dans la soirée, jeunes pilotes et membres de la caravane, commissaires, acrobates de l'air, nous réunissons en rond sur l'herbe, près de la piste, face au soleil couchant. Ce moment de repos et de convivialité est propice aux confidences et aux promesses. Un fonctionnaire se propose de défendre ma candidature auprès de ses supérieurs et de m'éclairer sur la procédure à suivre pour obtenir une dérogation médicale. J'imagine déjà le nombre astronomique de certificats à réunir et d'attestations à présenter ! À l'issue du Tour, j'attends quelques jours avant de joindre mon fameux « contact ». Au bout du fil, la secrétaire me répond, un peu surprise : « Je suis désolée, mademoiselle, mais ce monsieur a changé de poste. » J'apprends à mes dépens le fonctionnement de certaines administrations : on laisse traîner les dossiers « sensibles »... jusqu'au changement d'affectation ou au départ en retraite !

Cette course de grande réputation étant censée réunir l'élite de l'aviation française et le niveau de compétence requis être celui des professionnels, je me prends à rêver de devenir l'égale de ces jeunes pilotes qui lorgnent les postes les plus prestigieux. D'ailleurs, aujourd'hui, nombre d'entre eux travaillent pour des compagnies aériennes. Loin de me décourager, leur fréquentation ne fait qu'alimenter ma flamme et l'envie de devenir pilote professionnel reprend toute sa vigueur.

Elle me pousse même à écrire au responsable de la D.G.A.C. pour lui demander une dérogation afin de pouvoir suivre une formation en vue de devenir instructrice. Mon courrier reste sans réponse. Quelques mois plus tard, je retrouve à l'Aéro-club de France un autre responsable de la D.G.A.C., lors d'une conférence réunissant des personnalités influentes de l'aviation et la presse spécialisée. Je sais que Gérard Feldzer, président de l'Aéro-club de France, me donnera la parole afin que je puisse exposer mon projet personnel et parler de la situation des pilotes handicapés en général. Je me présente rapidement à l'assistance, rappelle les différentes compétitions auxquelles j'ai participé, puis exprime mon souhait de rejoindre un jour les professionnels de l'aviation. À cet instant, un directeur des missions de l'aviation légère à la D.G.A.C., grand contrôleur du ciel français, me coupe la parole d'un ton tranchant : « Oh vous, ça suffit, on a déjà entendu parler de votre histoire !

Sachez qu'il est hors de question qu'une personne handicapée soit un jour pilote professionnel ! » Cette agressivité met un point final à mon exposé. Mes yeux se remplissent de larmes et je tourne la tête pour cacher mon désarroi. Je suis suffoquée, anéantie par l'humiliation. Un pilote me fait signe gentiment de ne pas insister et je regagne ma place le nez dans mes chaussures. Plus tard, au déjeuner de presse, je m'approche du directeur irascible et lui demande les raisons d'un refus si catégorique, mais il rejette tout dialogue. Ce n'est ni le moment, ni l'endroit. « Il y a trop de raisons. Ce serait trop long à vous expliquer ici, s'exclame-t-il. Et puis, sans parler d'être pilote professionnel, même pour du bénévolat, ce serait trop compliqué d'aménager un poste pour vous et vos confrères. Il faudrait revoir tous les statuts ! » La discussion s'arrête là.

Cette déconvenue ne m'empêche pas de passer une qualification de classe B à Nangis, sur un avion « à train rentrant et à pas variable » exigée pour l'accès au stage de formation d'instructeur à Grenoble Saint-Geoirs. Grâce au kit de commandes manuelles qu'a fabriqué un ami ingénieur et à un moniteur exquis, je pilote un Cessna Cardinal, un avion de 200 CV qu'utilisent habituellement les élèves futurs pilotes professionnels. Rien de tel pour me remettre d'aplomb car mon orgueil a été meurtri par cette fin de non-recevoir. Je ne vais tout de même pas me laisser démotiver pour autant !

Ma petite mésaventure sentimentale de Toulouse m'ayant passablement refroidie, je quitte bientôt le sud de la France pour m'installer à Paris. C'est à Montreuil que je déniche mon appartement, un ancien atelier d'artiste, de plain-pied, donnant sur une cour ombragée. L'étroit escalier en colimaçon qui mène à la pièce en mezzanine aurait dû me décourager mais l'endroit est pittoresque, c'est ainsi que j'ai envie de vivre. Tous les soirs, je grimpe les marches à la force des poignets : d'un bras, je pousse sur une marche, de l'autre, je tire pour me hisser. Ce petit escalier, finalement fort pratique, fera plus pour mes muscles que toutes les machines de musculation des salles de gym !

À peine arrivée en région parisienne, je prends contact avec l'aéro-club des Mureaux dont on m'a beaucoup parlé. Et pour cause... L'aéro-club Paul-Louis-Weiller, du nom du célèbre mécène, est unique en France pour sa capacité d'accueil des pilotes handicapés. Aujourd'hui, nous sommes une quarantaine d'adhérents et trois avions prééquipés (un Rallye 150 CV, un Rallye 180 CV, un Robin Aiglon) sont à notre disposition. C'est ici qu'en 1972 et pour la première fois en France, un paraplégique, André Crépy, se lança dans le pilotage d'avions munis de commandes manuelles. Quatre ans plus tard, la Direction générale de l'aviation civile délivra une licence de pilote privé aux pilotes handicapés, avec les mêmes prérogatives que pour les valides, les autorisant même par la suite à emmener des passagers.

Ayant repris le pilotage aux Mureaux, je viens régulièrement y nourrir mes besoins d'évasion, lorsque les démarches auprès des administrations sont vaines et que ces humiliations à répétition me minent le moral. En attendant les jours heureux où l'on considérera en priorité mes capacités et non mon handicap, je me perfectionne en m'entraînant au vol en formation avec Guillaume et Alexandre, deux paraplégiques de l'aéro-club. Nous projetons de constituer une patrouille aérienne et de présenter les avions en meeting. Oh, nous ne prévoyons pas de nous initier à la haute voltige – les équipements manuels ne peuvent complètement se substituer aux jambes et ce genre d'exercice demande de véritables prouesses physiques – mais à des figures moins sportives, plus artistiques, tout en douceur. Comme un mode d'expression. Avant de repartir vers d'autres aventures... Quand on a connu le désert d'Afrique, les vols d'entraînement au-dessus de la plaine des Mureaux ou du Bassin parisien semblent parfois un peu tristes... même si j'aime y retrouver le sourire et l'enthousiasme de ceux qui viennent ici vivre leur passion.

Il n'est pas exagéré de trouver des vertus curatives à la pratique du pilotage, une dimension gratifiante. L'augmentation du nombre de pratiquants et le désir de jeunes pilotes brevetés de progresser en compétences justifient aux yeux des dirigeants de l'Aéro-club de France la création d'une Commission de pilotes handicapés, dont on me demande d'assurer la présidence. Moi qui suis si timide ! Cette commission réunit trois groupes distincts : les pilotes paralysés des membres inférieurs, les sourds ou malentendants et les non-voyants. Chaque groupe se charge de ses propres actions de communication, gère ses dossiers de manière autonome, mais nous entretenons les uns envers les autres une forte fraternité. Un but commun nous anime : permettre à tous ceux qui sont frappés d'une infirmité de retrouver à travers le pilotage dignité et confiance en soi. Mon groupe s'est fixé plusieurs objectifs : faire évoluer les équipements en développant de nouvelles commandes de pilotage, ouvrir les métiers de l'aviation aux handicapés moteurs et harmoniser la réglementation les concernant sur le plan européen. La vision des silhouettes des jeunes gens en fauteuil se glissant entre les carlingues ne prolonge-t-elle pas la pensée de Saint-Exupéry quand il écrivait : « Lorsque tu es différent, loin de me léser, tu m'enrichis » ? Cette poignée d'hommes n'incarne-t-elle pas, à cet instant, l'une des plus belles expressions de tolérance et de solidarité que le monde ait reçues en message ?

Le métier de pilote est extrêmement élitiste et nombre de professionnels imaginent mal voir les handicapés accéder à leur statut. Comme si notre arrivée risquait de porter atteinte à leur sacro-sainte image et la dévalorisait ! J'apprends par l'un des responsables de la D.G.A.C. que cette mesure nécessiterait la remise à plat complète du statut du personnel navigant, et notamment de la caisse de retraite. « Cette décision nuirait à des milliers de pilotes ! » conclut-il. Je ne pense pas que le problème se situe dans la relecture et l'adaptation des textes de règlements et des barèmes d'assurances à la situation des handicapés. Le blocage est ailleurs. « Nous faisons peur, me confie un copain des Mureaux, un peu découragé, alors que nos limites, puisque nous les connaissons, nous ont rendus bien plus vigilants que bon nombre de valides. Ils ignorent notre dextérité, ils n'ont jamais cherché à nous tester... » L'image que la D.G.A.C. a de nous n'a pas bougé d'un pouce depuis que je préside cette commission ! Je suis sûre que les handicapés, en s'obligeant à estomper leur différence, développent des qualités susceptibles de représenter des atouts majeurs au sein d'une entreprise. Personnellement, je m'attache à ne pas considérer le handicap comme une infirmité – d'autres le font à ma place –, mais à en révéler les vertus. Il est certain qu'une personne diminuée physiquement qui cherche à s'intégrer dans la société peut difficilement y parvenir sans faire preuve de créativité, d'une grande capacité d'adaptation et de beaucoup de courage. Des qualités propres à faire évoluer un secteur. Encore faudrait-il qu'on lui en donne la possibilité !

Je sais que certains me guettent au tournant, attendant que je fasse mes preuves. Mais qu'ai-je à prouver ? Je suis là pour témoigner de la force d'une passion, pour que tous ceux qui refusent d'être considérés comme des marginaux ou des curiosités puissent l'assouvir autant que moi. N'est-ce pas le sentiment propre à ceux qui, se sentant poussés par un élan vital, ne trouvent satisfaction que dans l'action ?

Aujourd'hui, ma différence m'impose d'être forte : déprimer ou me surpasser, je n'ai pas le choix, et je suis confrontée aux mêmes problèmes d'intégration que n'importe quelle personne issue d'une minorité. Comme une étrangère en mon pays. L'aviation a donné un sens à ma vie ; ma seule raison d'être est de m'associer avec d'autres pour faire sauter les multiples obstacles qui nous empêchent de vivre normalement. Et si le destin m'a plaquée aux jambes, je n'ai pas l'intention de lui sacrifier mes envies, mes rêves. Ni ma joie de voler ! Et encore moins ma soif d'aventures, d'autant que mes amis en ont souvent de très excitantes à me proposer.

Il est 18 heures, ce samedi de juin 1999, lorsque la sonnerie du portable me fait sursauter. Je reconnais Gérard à son cheveu sur la langue.

« Salut Dorine ! Dis-moi, tu as prévu quelque chose, là, tout de suite et jusqu'à lundi ? »

Avec lui, je m'attends à tout. Commandant de bord à Air France, Gérard n'est jamais à court d'idées un peu folles où sa générosité peut donner toute sa mesure.

« Euh, à vrai dire... non. Je viens d'annuler un week-end à Brest, mais...

— Bon, je passe te prendre dans une demi-heure en taxi. On va à Sao Paulo puis à Rio et on revient mardi matin. Ça te va ? »

Et dire que la soirée s'annonçait morose ! Je saisis le premier sac qui me tombe sous la main, y jette deux pulls, un jean, trois culottes, un joli chemisier, ma trousse de toilette, des lunettes de soleil, mon passeport. Et voilà, le tour est joué !

À 18 h 30, le taxi klaxonne devant ma porte. Gégé surgit devant moi, les cheveux blonds en bataille, vêtu de son costume de lumière, le bel uniforme marine d'Air France aux boutons de manchette dorés à l'effigie du cheval ailé, avec ses quatre barres sur les épaulettes qui font ressortir sa chemise blanche, impeccable. « Je suis prête, on peut y aller », dis-je en claquant la porte de l'appartement. Gégé n'en croit pas ses yeux : « Ben, dis donc, pour une fille, t'es ponctuelle ! » Eh oui, le parfum de l'aventure a toujours fait monter l'adrénaline en moi, comme la sève dans une fleur !

Nous ne partirons qu'à 22 heures, mais Gérard doit être présent deux heures avant pour préparer la navigation en fonction de la météo et les autorisations de survol. Dès notre arrivée à l'aéroport, nous allons confirmer l'enregistrement de mon billet, puis j'accompagne Gérard en salle de documentation pour qu'il me montre les coulisses du métier. Il commence à étudier les éléments du vol avec son copilote. À la fin du briefing, le « copi » calcule la quantité de kérosène à prévoir et propose un bilan carburant de soixante-dix tonnes ! Gégé rectifie. « Tu peux ajouter une louche d'une tonne en prévision des dix minutes d'attente supplémentaire, à l'arrivée à Sao Paulo. On va se poser à l'heure où déferle toute l'Amérique du Sud. » Une tonne pour dix minutes ! Sur mon petit Rallye de 180 CV, c'est ma consommation annuelle !

Une demi-heure avant le départ, mon ami me porte aux premières loges, au « balcon » comme on dit, dans le poste de pilotage de l'Airbus A 340. Après avoir peiné à franchir l'étroite porte de la cabine, il m'installe sur le siège du « mécano », juste derrière les deux pilotes. « Voilà, tu voyageras avec nous. Le vol jusqu'à Sao Paulo dure onze heures, mais dès que tu seras fatiguée, tu pourras dormir sur la couchette à côté. »

Et puis nous décollons. Je contemple stupéfaite le tableau de bord, où les boutons de toutes les couleurs clignotent par dizaines, et les six écrans de contrôle. Sur l'un d'eux, je parviens à détailler la position de l'avion, identifiable par deux traits noirs perpendiculaires qui suivent le tracé de la navigation, programmée avec le pilote automatique. Les deux du centre indiquent l'état des systèmes hydraulique et électrique, des moteurs, le niveau du carburant, et signalent les pannes éventuelles. Gégé diminue l'intensité de l'éclairage ambiant. Le tableau de bord scintille de mille feux.

Mon ami pilote d'une main de maître, tout en finesse. Un grand calme règne dans la cabine jusqu'à ce que l'avion traverse une zone de cumulonimbus, signalée en rouge sur l'écran de radar météo. Source de turbulences, ces nuages forment au-dessus de l'Atlantique une ligne de front soudée qu'il est impossible de contourner. Il se produit alors un phénomène d'électricité statique tout à fait singulier, appelé les feux de Saint-Elme. Sur le pare-brise de l'avion apparaissent des éclairs gris métallisés dont les multiples branches en faisceaux crépitent sur le verre. C'est irréel !

À minuit, comme je montre des signes de fatigue, Gérard m'aide à m'installer dans la cabine de repos, sur l'une des couchettes superposées. Les trois pilotes, eux, font une rotation par tranches de trois heures de sommeil chacun. Plus tard, Gérard vient s'allonger sur le matelas du haut et, sans un mot, me serre la main très fort, heureux d'avoir pu me faire ce beau cadeau ! Le lendemain, un peu ankylosée, je vais me remettre en forme dans la salle de gymnastique de l'hôtel tandis que les pilotes dorment. La petite prof brésilienne me regarde manier les poids avec stupéfaction. Il faut dire qu'ici, pour circuler, les handicapés bricolent eux-mêmes de vulgaires planches de bois clouées sur des petites roues, avec lesquelles ils se faufilent au ras du sol, entre les voitures ! Devant le tableau apocalyptique qu'elle me fait de leur situation, je n'ose lui dire que je pilote des avions... L'après-midi, Gérard me fait visiter Sao Paulo en taxi et le soir, nous nous retrouvons avec les membres de l'équipage, stewards et hôtesses, dans une des chambres de l'hôtel. Après ces heures de pilotage et de service où concentration et vigilance sont de rigueur, tous se détendent joyeusement autour d'une bonne bouteille de Caïpirinha. Ils me questionnent sur ma situation et mes projets d'avenir et m'encouragent à ne pas fléchir dans ma détermination face aux corporatismes et tabous de tous ordres.

« C'est incroyable, dit le copilote, nous étions les pionniers de l'aviation et aujourd'hui, dans le domaine de l'intégration des pilotes handicapés, on se retrouve à la remorque des Ricains !

— Tout de même, exclure un bon pilote des différentes activités du travail aérien, sous prétexte qu'il est en fauteuil, c'est scandaleux... La France et l'Europe sont en porte à faux vis-à-vis des lois sur la discrimination ! ajoute un steward.

— Qu'est-ce que tu veux, conclut Gérard, on a encore à l'esprit l'image des pilotes bronzés et séducteurs ! Mais c'est fini tout ça ! Aujourd'hui, seules comptent la rigueur, l'honnêteté intellectuelle, la motivation. Et si toi tu les as, Dorine, ce n'est pas le fauteuil qui te les enlèvera... »

Le lendemain, réveil à 4 heures du matin. Direction l'aéroport pour une rotation sur Rio de Janeiro. Au petit déjeuner, je somnole un peu, mais Gérard, habitué aux nuits courtes, lance déjà les premières plaisanteries de la journée ! Embarquement immédiat pour Rio. Dès l'arrivée, nous fonçons prendre un taxi pour rejoindre Fan Conrado, un site de parapente de réputation mondiale qui surplombe la baie de Rio. Nous avons deux heures devant nous. Bien décidé à me faire sauter « en double » à ses côtés, Gérard a emporté avec lui sa voile de parapente rose fluo et tout son équipement. Mais le vent souffle violemment ce jour-là, les cumulus de beau temps trahissent une certaine instabilité de l'air et il ne serait pas prudent de voler à deux. Dommage, j'allais admirer ses prouesses ! Je redescends sur l'immense plage de sable blanc, déserte à cette heure, pour attendre Gérard en sirotant un lait de coco. Dans le ciel limpide, je le vois tournoyer au gré des vents, surfant sur les brusques rafales ou épousant les accalmies. Gérard, aigle ondulant sur la voûte céleste !

Et puis il faut replier la toile à toute vitesse et rejoindre l'avion pour rentrer sur Sao Paulo où un autre équipage assurera le retour en France. En passant à la verticale du Corcovado, Gérard incline légèrement l'A 340 pour que nous puissions admirer la célèbre statue. À Sao Paulo, je reste dans l'avion en attendant la venue des pilotes et du personnel navigant. Gérard rentrera sur Paris à la prochaine rotation. Comme je le remercie une fois de plus pour ce week-end inattendu, il me prend sur son épaule comme un sac de riz, redescend l'escabeau en fer et me pose sur le rebord d'un réacteur pour une dernière photo !

L'avion atterrit à Roissy le mardi matin à 8 h 30 et je rentre directement me coucher, électrisée par ce tourbillon d'images et de sensations. Je me réjouis à l'avance du coup de fil de mes amis pendant la semaine : « Et toi, t'as fait quoi ce week-end ? — J'suis allée prendre un pot à Rio de Janeiro... pourquoi ? »

Ma dernière déconvenue face au responsable de la D.G.A.C. me hante encore et a fait naître en moi de terribles doutes. Je réalise que personne n'est jamais parvenu à convaincre l'administration française de l'aptitude des paraplégiques à vivre de la profession de pilote, et qu'en exprimant haut et fort mon souhait de devenir instructrice, je donne un sacré coup de pied dans l'édifice. Mes convictions sont profondes, mais aucune expérience vécue ne conforte mes propos et rien ne prouve que j'aie raison. Je me dois d'aller vérifier que le pari est possible et que d'autres, moins frileux, nous font confiance. Nicolas, un copain, m'a raconté le parcours d'un Américain, Mike Smith, vétéran du Vietnam, invalide depuis 1982 et devenu pilote professionnel. Il faut que l'on se rencontre et qu'il m'explique comment la société américaine l'a intégré au point de lui laisser créer sa propre affaire. Après ce voyage, une décision ferme s'imposera : soit je reviens requinquée par l'exemple de Mike, soit j'arrête de me battre et d'espérer. C'est ainsi que le projet de stage en Californie voit le jour.

En 1999, la mairie de Paris m'accorde la Bourse de l'aventure qui va subventionner une partie de mon voyage. Une équipe de télévision m'accompagnera durant deux semaines et me filmera avec Mike, aux commandes de son avion et en fauteuil dans la ville, pour comparer les difficultés d'intégration des handicapés en France et aux États-Unis. Ce reportage intéresse vivement Patrick de Carolis pour son magazine *Des racines et des ailes* sur France 3. Six mois plus tôt, la chaîne a diffusé un portrait de moi qui a, semble-t-il, retenu l'attention du grand public.

Frontière naturelle avec le désert de Mojave, Big Bear est un site très particulier, réputé pour sa station de ski et ses circuits de randonnée Situé à 2 000 mètres sur les hauteurs de Los Angeles, son terrain d'aviation peut surprendre au premier abord par sa technicité. En effet, la densité de l'air étant très faible à cette altitude, au moment de l'atterrissage, les avions moins sustentés glissent sur la piste comme des savonnettes ! Cette singularité n'empêche pas les nombreux paraplégiques de venir d'Europe, d'Australie, d'Israël, et parfois du Japon pour y suivre une formation complète de pilotage sur mono ou bimoteur, comprenant l'I.F.R. (vol aux instruments) et le vol de nuit. À Big Bear, les conditions de vol sont identiques à celles du vol en montagne... où beaucoup de valides n'osent s'aventurer. C'est ici que Mike Smith, président de l'Association internationale des pilotes handicapés, dirige Aero Haven, l'une des meilleures écoles de Californie, qui ouvre également ses portes aux handicapés désireux de devenir professionnels. Cet homme aux charmes aiguisés de la cinquantaine, toujours souriant, se déplace depuis dix-huit ans en fauteuil roulant, après l'accident d'hélicoptère qui lui brisa la colonne vertébrale. Aujourd'hui, il totalise plus de 15 000 heures de vol. L'administration aéronautique américaine lui a donné sa chance en acceptant de l'évaluer et Mike a pu prouver ses qualités de pilote. Il a obtenu la reconnaissance de ses pairs, des autorités et créé une entreprise de transport de fret.

Dès mon arrivée, Mike me propose de suivre les cours d'instruction donnés aux pilotes handicapés et je peux bénéficier d'un enseignement d'une qualité exceptionnelle. Sa propre paraplégie rassure et il porte une attention toute particulière à la psychologie de chacun de ses élèves. Il nous apprend d'innombrables astuces pour compenser le handicap, afin d'acquérir une parfaite dextérité aux commandes et d'anticiper les situations. J'étudie aussi les manœuvres d'un Cessna bimoteur de type « push-pull » en doubles commandes, au-dessus des diagonales fuyantes que tracent les routes du désert de Mojave. Au cours des cinq semaines que dure le stage, Mike m'initie aux procédures radio avec le contrôle américain, au vol aux instruments et au vol de nuit. Ce dernier entraînement est compris dans le cursus normal du pilotage américain ; en France, il nécessite une qualification spécifique.

De ma vie, je n'oublierai le survol de la ville de Los Angeles et de sa banlieue qui s'étend sur plusieurs centaines de kilomètres, telle une autre planète drapée dans son habit de nuit, ni l'émotion teintée d'une légère appréhension devant ce vaste champ de lumières. Comment rejoindre notre destination, en l'occurrence Fullerton, sachant qu'un terrain d'aviation n'est repérable, en vol, que par un phare clignotant de couleur verte ? Pas facile de se diriger au-dessus de la ville inconnue, d'habituer ses yeux à ces milliards de scintillements multicolores ; ni, lors du voyage retour, de s'exercer à gérer les instruments de contrôle dans un cockpit volontairement éteint, tout en scrutant autour de nous les masses nuageuses qui, sous une certaine nuance de noir, sont susceptibles de camoufler les collines environnantes.

Mike fait même atterrir notre avion de tourisme sur l'aéroport international de San Francisco en se faufilant au milieu des gros porteurs qui arrivent et repartent toutes les minutes. Imaginez un petit Piper qui voudrait se poser sur l'aéroport de Roissy ! Ici, il suffit simplement de soumettre un « plan de vol » I.F.R. Je revois la tête des parkeurs lorsque nous sortons nos deux fauteuils de l'avion ! Pas un valide à bord pour nous assister : là-bas aussi, cela étonne encore !

À San Francisco, je fais la connaissance de Scott, commandant de bord de DC 8, instructeur en aéro-club... et, à ses heures, chanteur dans un groupe de rock déluré ! Ayant perdu l'usage de ses pieds, il se déplace avec des attelles et une canne, ce qui ne l'empêche pas d'assurer le transport de machines-outils pour une grande compagnie de fret. Sur un geste de Scott, un mécano baraqué me prend dans ses bras comme une plume pour franchir l'escalier qui mène au cockpit. Assise aux commandes de l'imposant quadriréacteur, je retrouve certaines réminiscences de l'enfance. Je n'en crois pas mes yeux. Je touche à tous les boutons, mais suis incapable de bouger d'un pouce le volant de direction tant il est lourd. Scott m'aide un peu, le rire aux lèvres. Quel personnage ! Et quel exemple de volonté que son parcours !

Mike me fait aussi visiter la ville « à pied », et je découvre de nombreux aspects de l'organisation sociale américaine dont la France pourrait s'inspirer. Ici, pas de discrimination : cafés, restaurants, magasins accessibles aux fauteuils, guichets et comptoirs à différentes hauteurs, plans inclinés permettant l'accès à tous les lieux publics, lavabos spacieux, voitures de location équipées de kits manuels, chambres d'hôtel agencées spécifiquement pour les personnes en fauteuil roulant. Nous nous promenons dans la foule sans contrariété ni agacement, en toute liberté. Ça fait du bien.

Mike me confie qu'en Californie, la loi oblige tous les établissements d'accueil à consacrer aux handicapés une partie de leur budget d'aménagement et dans ce pays où le dollar règne en maître, elle est suivie à la lettre ! Ici, les handicapés constituent un groupe de pression puissant et respecté. La contravention la plus élevée (environ 1 500 francs) est celle qui sanctionne l'automobiliste pour s'être garé sur une place réservée.

En France les entreprises vont jusqu'à payer de lourdes taxes « punitives » plutôt que d'employer des handicapes. C'est dire l'opinion que l'on a de nous... 1,8 million . c'est, dans notre pays, le nombre de personnes considérées comme invalides. C'est beaucoup, et pourtant on nous voit peu au travail, rarement dans la rue, pratiquement jamais dans les lieux publics. La vie à l'extérieur n'est pas faite pour nous. Mais bon sang, comment trouver la force de surmonter notre immobilité si ce n'est en cherchant à être au plus près des autres ! Certains pensent que nos allocations suffisent : pourquoi se fatiguer à travailler quand une pension vous tombe toute cuite dans le bec ? Peut-être parce qu'il est difficile de vivre dignement de cette manière et que la mentalité d'assisté entraîne le repli sur soi...

Avec Mike, je complète mon carnet de vol de 35 heures supplémentaires, soit une dizaine de plus que prévu et, à la fin du stage, il se déclare prêt à m'embaucher à l'Aero Haven School. À ses yeux, je réunis les capacités requises pour devenir une excellente instructrice. Quelle formidable victoire pour moi ! Je le remercie chaleureusement, avec un petit pincement au cœur néanmoins car je ne désire nullement m'exiler en Californie. Si, là-bas, tout semble possible aux personnes entreprenantes, c'est quand même en France que je tenterai de faire évoluer les opinions. Le défi me semble intéressant d'autant qu'en Europe, il reste encore beaucoup à faire : s'agissant de l'autorisation aux handicapés moteurs de voler, notre pays est le mieux organisé de la Communauté, suivi de l'Angleterre. L'Allemagne, l'Espagne et le Portugal font quelques tentatives, mais dans l'ensemble les avancées sont très timides.

De mon stage américain, je garde un souvenir émerveillé des heures de vol au-dessus de sites vertigineux : la splendeur dorée du Grand Canyon, les illuminations de Las Vegas, les célèbres lettres blanches sur la colline d'Hollywood, l'atmosphère décontractée de San Francisco. Et la sensation nouvelle de me déplacer à ma guise, sans être bloquée par des détails d'intendance.

Dans mes bagages, je rapporte un système de pilotage manuel destiné aux avions Cessna, un équipement ultrasimple qui m'a permis de voler là-bas avec une précision, un naturel et un confort semblables aux vols de mes débuts ! Grâce à Mike, j'ai retrouvé le courage et la motivation que j'avais perdus quelques semaines plus tôt et j'ai pu collecter les informations nécessaires pour m'entretenir avec les décideurs de l'administration aéronautique française.

Au retour des États-Unis, je rencontre ainsi Maxime Coffin, directeur du service de la formation aéronautique, pour lui faire part de la situation américaine en matière d'intégration des handicapés. Il me reçoit en compagnie d'autres pilotes, pour entendre l'ensemble de nos revendications, mais la discussion est très décevante, comme s'il ne fallait heurter personne. Elle achoppe toujours au même endroit : les responsabilités en cas d'accident. Si, aux États-Unis, les assurances prennent en charge tous les frais, en France, la responsabilité incomberait au signataire de la dérogation, qui autoriserait les pilotes handicapés à voler dans un cadre professionnel. Dans ces conditions, qui peut assumer une telle charge ? D'autant que cette mesure créerait un précédent, une jurisprudence, « et pourrait donner libre cours à n'importe quelle initiative » conclut notre interlocuteur. Il me répète qu'en outre, la législation exige qu'un instructeur soit capable, en cas d'urgence, de sortir les passagers de la carlingue sans aide extérieure. Je ne peux m'empêcher de penser à Mike dont la lésion est identique à la mienne : il a passé ce test et il l'a réussi ! On peut d'ailleurs se demander ce que ferait une jeune instructrice valide qui aurait à secourir un élève pilote pesant 90 ou 100 kilos... C'est sans issue. En attendant de nous réunir à nouveau pour reconsidérer le problème, nous décidons de reporter nos efforts sur l'équipement des avions en commandes manuelles. Puisque l'on ne veut pas de nous comme professionnels, au moins pourrons-nous nous distraire en faisant des pirouettes dans le ciel des aéro-clubs !

Le système de commandes manuelles utilisé en France rassemble sur un même levier la commande des gaz (en manœuvrant de gauche à droite) et le « malonnier » (avant/arrière) en remplacement de la direction aux pieds. Le pilote tient le manche (ou le volant) de sa main gauche tandis que la main droite agit sur ledit levier. Si cet équipement fonctionne parfaitement et depuis plusieurs années, son montage est coûteux, très délicat et ne peut être effectué que par un professionnel. De plus, ces matériels ne s'adaptent qu'aux petits Rallye d'aéro-clubs de 100 ou 150 CV ou aux Robin, tandis qu'aux États-Unis, les commandes manuelles existantes conviennent aux Cessna et aux Piper, les types d'avions les plus répandus au monde. Contrairement à l'équipement français, le mouvement de direction se fait plus logiquement, de gauche à droite, rappelant les commandes des palonniers, et, répétons-le, la conduite est beaucoup plus précise et confortable. Enfin, l'installation simplifiée à l'extrême ne prend que quelques minutes. Pourtant, ce matériel américain n'est pas homologué en France.

Deux de mes amis, Michel Barry, ingénieur aéronautique, et Guillaume Féral, pilote paraplégique, s'en sont inspirés pour dessiner un nouveau projet de commandes manuelles destinées au vol traditionnel et, éventuellement, à la voltige, lorsqu'il sera question d'équiper des avions pour notre patrouille. Nous avons également lancé une étude afin de créer un dispositif de prééquipement implanté sur tous les appareils construits en série qui permettrait à un pilote d'adapter l'avion à son handicap en quelques secondes. Les pilotes paraplégiques qui le souhaitent auraient, chez eux, un prêt-à-monter, une sorte de manche qu'ils pourraient installer sur l'avion dans l'emplacement prévu à cet effet. Cet équipement leur permettrait de voler dans n'importe quel aéro-club de France ou d'Europe – le jour où la Communauté se mettra au diapason –, donc de multiplier les heures de vol. L'avion ainsi conçu serait piloté indifféremment par deux pilotes valides ou deux pilotes invalides, dont l'un pourrait être instructeur ; ou bien par un équipage « mixte », composé d'un pilote valide et d'un pilote handicapé. Ce dernier posséderait son propre équipement d'adaptation amovible, adapté à sa taille et qui se connecterait au dispositif de l'avion. Ce qui arrêterait du même coup la prolifération des dispositifs de toutes natures qui obligent les pilotes handicapés, lorsqu'ils changent d'avion, à des prodiges d'adaptabilité parfois incompatibles avec les règles de sécurité. Il est urgent de définir *le* protocole de contrôle susceptible d'obtenir l'approbation du plus grand nombre et de travailler désormais à sa mise au point à l'exclusion de tout autre.

À l'heure actuelle, il existe seulement une dizaine d'avions équipés de commandes dites « à demeure ». C'est insuffisant et l'installation est prohibitive. Il y a quelques mois, le constructeur Christophe Robin, notre partenaire et P.-D.G. de Dyn'aéro à Dijon, nous a demandé de fournir les plans du prototype, l'usine se chargeant ensuite d'en assurer la fabrication. La nouvelle machine développée par Robin, le M.C.R., dont la particularité est d'exister en version U.L.M. et en version avion, serait idéale pour la concrétisation de notre projet. Car, en fait, il s'agit du même appareil, seul le poids diffère : il suffit que l'engin pèse plus de 450 kilos (bagages, carburant, pilotes compris) pour passer de la catégorie U.L.M. à celle d'avion. En revanche, ces deux catégories se différencient par leur réglementation : aucun texte n'interdit à un handicapé de faire de l'instruction sur U.L.M. Les certifications y sont considérablement moins coûteuses que sur un avion et nous projetons à présent d'équiper ce genre de prototype. Les pilotes paraplégiques pourraient passer leur qualification d'instructeur sur U.L.M., en espérant, dans quelques années, pouvoir faire jouer les équivalences auprès de la D.G.A.C., certifier l'équipement sur la version avion et faire valider nos licences d'instructeurs sur avion.

Je veux être pilote professionnel, c'est une vocation, et si je dois suivre des chemins détournés, explorer des voies nouvelles pour que ce statut me soit accessible, pourquoi pas ? Peut-être me sera-t-il difficile d'en vivre mais, au moins, j'aurai la certitude de transmettre un savoir-faire. Et le plaisir de l'enseignement partagé avec des élèves sera toujours plus fort que la seule joie de piloter.

Patrick Segal, délégué interministériel pour les personnes handicapées, que Guillaume et moi rencontrons pour lui présenter le projet, se montre très enthousiaste et nous promet d'intervenir auprès du conseil régional d'Île-de-France pour nous aider à trouver un financement. Il aime bien notre idée de patrouille ! J'imagine que le ministère des Transports doit être sollicité pour régler des problèmes plus urgents, plus « essentiels » jugera-t-on. Mais permettre aux invalides qui le peuvent de sortir de leur isolement en volant autant qu'ils le désirent, les arracher à leur pesanteur n'est-ce pas tout aussi important ?

« Plus tard, quand je serai grand », répète inlassablement l'enfant qui rêve en attendant de vivre. Pour moi la mutation fut brutale : j'ai été assise de force sur un fauteuil à l'âge où l'on prend son envol, et mon enfance s'est figée dans le questionnement. J'ai souvent pensé que la vie m'avait jetée à terre pour dévoiler mes plaies secrètes et surmonter cette étape à force de volonté et de détermination. L'accident comme un seau d'eau glacée pour m'apprendre à rêver trop fort, trop loin ; l'accident comme un cruel rappel à l'ordre. Je me suis défaite de mon passé pour oublier ma souffrance, mes attentes, les incompréhensions. Jusqu'à effacer la sensation physique de la marche et éconduire la nostalgie.

Pourtant, il me prend souvent une formidable envie de rire, comme une explosion, un feu d'artifice, un éclat de joie. Simplement parce qu'il m'est encore donné de vivre. Nul mieux que celui qui a échappé à grand-peine au naufrage ne peut éprouver autant le bonheur de pouvoir encore rire à pleine gorge, à pleins poumons ! Pour peu que je sois en public, je passe parfois pour quelqu'un d'étrange, d'immature, une handicapée qui cherche à oublier sa condition dans un comportement enfantin. Certains me reprochent ma gaieté, ma coquetterie, une forme d'insouciance, comme si toute manifestation heureuse, la moindre expression de ma féminité étaient déplacées. On balise mon chemin à coups d'interdits et d'impensable, comme une manière détournée de museler mes attitudes. Qu'importe, je sais où je vais. Et je n'ai pas d'amertume.

Je sors prendre l'air dans mon nouveau quartier du faubourg Saint-Antoine. J'aurais dû choisir l'heure de ma promenade : au croisement de la rue d'Aligre, une vieille dame vient de passer sous les roues d'un camion de livraison. Les passants accourent pour la secourir, tandis que je m'éloigne aussi vite que me le permet le trottoir encombré de poubelles et de déchets de toutes sortes. L'image de ce corps gisant me hante sans que je puisse la chasser et il me revient le souvenir de l'unique moment où ma mère me serra dans ses bras.

Je dois avoir sept ans. Mon père vient d'abattre au fusil le chiot qu'ils m'ont offert comme compagnon des soirées passées à attendre leur retour. Depuis que mon frère est parti en pension, je me retrouve seule. Je veille près du téléphone pour réceptionner les appels des clients ou les accueillir lorsqu'ils débarquent de la gare. Souvent je reste assise auprès d'habitués ou d'inconnus, à leur faire la conversation.

Et puis mon père me rapporte cette petite boule de poils noirs, un berger allemand aux oreilles tombantes, que je baptise Ralf. Quand la nuit descend, une étrange atmosphère envahit la maison vide, un silence à couper au couteau, interrompu par le crépitement électronique de la radio branchée en permanence afin de prévenir mes parents d'une nouvelle urgence. Le bruit des trains sur la voie de chemin de fer, le souffle du vent et le craquement des feuillages me projettent dans un univers fantomatique : j'ai une peur bleue qu'une sorcière se glisse sous mon lit pour s'y cacher. Le soir, avant de me coucher, assise sur le matelas, pieds sur le plancher, je compte jusqu'à trois. Si au bout de trois secondes je n'ai pas remonté mes jambes, j'imagine qu'elle va me les couper de sa lame tranchante. J'aurais grand besoin qu'on me chante une berceuse avant de faire dodo ! Blottie contre mon nouvel ami, je guette alors les signes révélateurs d'une quelconque présence du garage au grenier. Ralf ne me quitte pas, désormais je m'endors par terre sur une couverture, un bras autour de son cou. Car c'est sur lui que j'ai reporté toute mon affection. Lorsqu'elle nous voit, lèvres contre museau, ma mère exprime son dégoût (« Beuhhh ! Cochonne, va ! »), sans comprendre ce besoin effréné de tendresse.

Et puis un jour, voulant faire la démonstration de la maniabilité de son véhicule, un V.S.L. dernier cri, Jipé actionne brusquement la marche arrière et écrase la gueule du chien qui s'est assoupi à l'ombre, la tête sous un pneu. Il pousse des hurlements de détresse si douloureux, si insupportables que mon père doit y mettre rapidement un terme, de manière définitive. Quand le coup de feu part, j'éclate en sanglots contre le ventre de ma mère et me cramponne de toutes mes forces aux plis de sa taille. Elle referme son bras sur moi et attend que je me calme.

... Tout à coup, une fumée nauséabonde me ramène au présent : une voiture barre le passage piéton et je me retrouve le nez contre le pot d'échappement. Asphyxie. Les nuages présentent moins de pièges pour moi, tombée du ciel un jour de brouillard, que ce plancher des vaches parsemé d'embûches ! Le civisme n'est pas un réflexe naturel dans nos contrées. Me voilà bloquée sur le trottoir, la tête me tourne et je sens mes joues qui s'empourprent. J'attends. Dorine a disparu, elle est devenue fauteuil roulant. J'attends. J'attends. Que puis-je faire d'autre ?

À la longue ces obstacles font de moi une enragée vive. Dans ces moments d'énervement paroxystiques me revient toujours la même question : à quoi bon sauver les gens à tout prix, les tirer des griffes de la mort, s'en féliciter à grands bruits médiatiques, pour les laisser ensuite sur la touche ? Quand on sait que la loi du 13 juillet 1991 stipule que toutes les installations neuves doivent être accessibles aux personnes handicapées et que l'on constate la réalité, il y a de quoi s'indigner ! Peut-être faudrait-il commencer par installer dans les mairies des isoloirs à portée de tous...

Seules les heures de vol me font oublier ces contraintes et toutes mes interrogations. Là-haut, la voie est libre, mais que de difficultés parfois pour y accéder ! Ainsi, au printemps dernier, mon escapade à La Rochelle. Ce jour-là, tout semblait ligué contre nous.

Faut-il que j'aie la bougeotte pour accepter ce rendez-vous sur l'aérodrome des Mureaux...

un dimanche, à 5 heures du matin ! Quelques jours plus tôt, mon ami Guillaume me propose de l'accompagner en avion à La Rochelle pour récupérer son Robin DR 400, qui attend depuis deux semaines dans un atelier de maintenance. « Tu viens avec moi et au retour, nous prendrons chacun notre avion », me dit-il. À l'ouest, la météo annonce de fortes averses pour l'après-midi mais le vol ne présente aucun danger. Là où un bipède aurait mis quinze minutes, il nous faut près de trois quarts d'heure pour ouvrir le hangar et sortir l'avion à l'aide d'un tracteur de jardin, astucieusement bricolé pour nous permettre de manœuvrer les appareils au sol.

Guillaume fait grimper à l'arrière Paul, son fils de cinq ans, et nous nous envolons. Je suis en train de m'assoupir en caressant la nuque du petit garçon, lorsque la voix du contrôleur me fait sursauter. Autorisation nous est donnée d'atterrir piste 28. Je jette un œil dehors, le sol est trempé et le vent souffle plein travers, par rafales de 30 km/h. Avec ce Rallye lourd de 180 CV, la manœuvre est difficile, Guillaume ne doit pas manquer son coup ! Il se pose parfaitement dans l'axe et nous roulons sur le taxiway, tandis que les stratocumulus gorgés d'eau qui déferlent sur la côte commencent à se déverser sur nos têtes. Pas question de croupir ici ! On récupère l'avion et on rentre à Paris.

Verrière du cockpit grande ouverte sur le parking battu par les vents, nous nous activons à décharger les fauteuils, tout en protégeant les cartes et les documents de vol de la pluie glacée qui fouette nos visages et inonde l'habitacle. À l'abri sous un hangar, l'homme qui doit nous recevoir observe ce remue-ménage depuis plusieurs bonnes minutes sans songer à nous donner un coup de main. Je lui lance un regard noir et il finit par bouger lorsqu'il nous voit tenter d'extraire le fauteuil de Guillaume dont les freins se sont coincés dans les rayons du mien. Il faut dire que pour ce monsieur, l'heure tourne, et le déjeuner dominical ne souffre aucune attente !

Il nous conduit vers le hangar où l'avion remis à neuf attend, rutilant dans l'obscurité. Guillaume le retrouve avec émotion et fierté. Aux alentours, les tôles d'aluminium cognent violemment, le vent a forci. Si nous tardons trop, nous serons bons pour passer la nuit dans un de ces hôtels de la région, non aménagés pour les fauteuils D'un autre côté, je doute de pouvoir décoller seule cette bourrique de Papa Alpha. Comment mes petits bras parviendront-ils à lutter contre les rafales qui font trembler les bâtiments autour de nous ? D'autant que nous devons attendre 14 heures, heure à laquelle ces messieurs du service de piste auront fini de regarder leur feuilleton télé avant de refueler !

Pas question non plus de repartir le ventre vide. Paul a faim et le manifeste bruyamment. Nous nous dirigeons sous la pluie vers le hall de l'aérogare pour manger un morceau. J'ai froid, l'eau transperce ma veste de lin. Paul court devant nous, sautant à pieds joints de flaque en flaque. Lorsque nous abordons une montée, l'enfant se retourne vers moi et vient pousser ma chaise, sans se poser la question de savoir s'il faut aider ou s'il risque de me vexer. Naturellement.

Précédés de ce petit ouistiti détrempé qui court partout, nous pénétrons dégoulinants d'eau dans la salle de restaurant. Notre arrivée fait sensation. La patronne de l'établissement nous regarde franchir la porte, visiblement très contrariée que deux gugusses déparent le chic de sa ravissante bonbonnière. Apparemment, il va nous falloir faire le deuil d'un bon repas chaud ! Elle vient vers nous le sourcil froncé et je décide de la soulager en commandant directement trois sandwichs. « Nous irons les manger dans le hall... près de la machine à café. » « Parfait ! » lance-t-elle, rassurée. Tandis que Guillaume aménage l'endroit pour installer nos fauteuils, je frissonne de froid. Assis sur mes genoux, Paul entreprend de me frotter le dos pour me réchauffer. De la salle, les clients endimanchés nous jettent des regards obliques. J'ai l'impression de les entendre : « Vous vous rendez compte ? Deux " fauteuils " et un enfant ! » Dehors, le vent et la pluie se déchaînent.

« Il faut y aller, Dorine ! Nous finirons le casse-croûte dans l'avion », finit par dire Guillaume, pour rompre cette ambiance pesante. Il est temps d'amener les « tagazous » à la pompe à essence.

Personne pour nous aider à grimper sur les ailes glissantes ni à charger les fauteuils boueux dans les coffres... Décidément, La Rochelle ne nous accueille pas à bras ouverts ! Aucun des agents du personnel technique ou commercial ne se propose pour nous accompagner aux avions. Nous avons beau revendiquer notre indépendance et notre droit à l'autonomie, un petit coup de main serait le bienvenu.

« Là où tu m'as bluffé, me confiera Guillaume trois heures plus tard à Paris, autour d'un chocolat chaud, c'est quand je t'ai vue décoller impeccablement cette saloperie de char Leclerc par un vent à 60 degrés de l'axe ! Et sur le Leclerc, les commandes sont assistées ! » Effectivement, le temps que l'on passe à la pompe, que l'on se hisse dans les appareils, fauteuils rangés, et que l'on décolle, le vent souffle plus fort que jamais. Et encore, nous limitons les dégâts en refusant la piste 28, où un jeune écervelé de la tour de contrôle veut nous faire décoller par un vent arrière gauche de plus de 40 km/h. Une configuration épouvantable !

Randonnée exténuante rendue encore plus pénible par l'attitude des gens autour de nous. Jamais je n'ai cessé de m'émouvoir devant ces manifestations d'indifférence. Dans ces moments-là, la Dorine souriante, amicale et douce laisse la place à une Dorine agressive, corps et âme perdus au cœur d'une dépression d'où jaillissent des mots parfois durs et blessants. Un cauchemar passager. Mon ras-le-bol déborde de façon brouillonne et souvent excessive. Plutôt que de passer mon temps à quémander des services à coups de « s'il vous plaît », « excusez-moi », je préfère rester cloîtrée. Ou bien, je sors caparaçonnée pour ne pas avoir à affronter les regards qui se détournent et entendre sur mon passage : « Quel dommage ! » ou « Elle est si jeune... » Parce que c'est la première chose à laquelle les gens pensent lorsqu'ils me croisent, et j'ai l'impression de lire dans leurs yeux les quatre syllabes qui me définissent : han-di-ca-pée. Sans chercher à nier l'évidence, il est cruel d'être toujours cataloguée d'un mot qui désigne exclusivement mon incapacité... Alors, sur ma petite chaise, je roule, je vais et traverse le temps.

Révolue l'époque où je parcourais hors d'haleine les étendues infinies ; désormais, une suite d'images grand format se présentent à moi. À regarder de près, c'est un monde qui n'est plus à ma mesure, je me soûle dans les détails, me libère d'un fragment pour m'enfermer dans un autre. Cette ronde de particules me donne le tournis : paires de fesses ondoyantes, cuisses grasses, mollets ronds, poings rageurs, bouches d'égouts, caniveaux, bas de portes, murs souillés. Je n'ai plus le recul nécessaire pour juger de la qualité d'un objet, de la beauté d'une personne, je suis toujours « dessus », trop près, à reconstituer un puzzle à l'aide d'une loupe.

Une contracture me tétanise les avant-bras. Elle se manifeste alors que je suis loin de chez moi. Au début, j'ai cru qu'il s'agissait de menus tremblements et qu'ils s'estomperaient en accélérant le mouvement, mais mes bras se tendent de plus en plus et la douleur m'oblige à m'arrêter un instant. Je masse vigoureusement mes mains et mes poignets enflés. Mon corps réagit à l'effort, voilà tout. N'importe quel sportif sait cela et moi, je n'ai pas pensé à m'échauffer les muscles avant de sortir... Dix heures du matin, un mois d'août à Paris. Le soleil qui inonde les places et les terrasses de café m'a donné envie d'aller faire un tour, et même si le cœur m'en dit, quelques courses pour le déjeuner. Le frigo est plein ; que pourrais-je vouloir d'autre ? Je sais simplement qu'à mesure que j'accélérerai le mouvement de mes bras, je prendrai conscience de mon corps et de moi-même. C'est cela dont j'ai besoin, par-dessus tout.

Il fait déjà très chaud à cette heure dans les rues. Je lève les yeux vers la cime des arbres, les feuilles sont figées, pas un souffle de vent. Sur les trottoirs, je circule comme sur une autoroute déserte. La lumière du soleil se réfléchit sur les façades de pierres blanches et son rayonnement sur le bitume est particulièrement éblouissant. Je vais encore marquer mes bras dénudés d'un somptueux bronzage paysan !

Le trottoir serait totalement vide s'il n'y avait, à l'angle d'une rue en réfection, un tas de goudron fumant. J'en suis proche et l'odeur que dégage la matière en combustion me brûle les narines. Des vagues de chaleur stagnent au-dessus de l'asphalte. Des ouvriers, casques anti-bruit vissés sur les oreilles, se cramponnent à leurs marteaux-piqueurs. Le bruit assourdissant des machines me chasse quelques mètres plus loin. J'avance les yeux mi-clos, brusquement assommée par tout ce qui m'agresse les yeux, le nez et les tympans. Je me sens exténuée, le moral à la dérive.

Ma tête bourdonne légèrement et l'envie me vient, soudaine et vertigineuse, de faire l'amour devant un feu qui brûlerait dans la cheminée. Je repense aux deux ouvriers croisés quelques minutes auparavant... J'ai besoin de douceur, une soif effrénée de bien-être et de volupté.

Comme les contractions de mes bras s'accentuent, je tourne sur la gauche dans une longue ruelle. Pendant que le fauteuil dévale la pente au rythme de cahots réguliers, je frictionne mes doigts entre eux, modifiant ma trajectoire et ma vitesse par de légères pressions des poignets sur les roues. Ainsi la douleur s'atténue et je trouve un peu de repos.

Les cliquetis du fauteuil agissent sur moi comme une musique syncopée qui, à la longue, m'étourdit. Il faut que je rentre et que je m'allonge. Je n'aspire à rien d'autre. Car, à présent, mes jambes deviennent lourdes. Depuis mon accident, la circulation du sang est fortement perturbée et avec la chaleur les bas de contention ne suffisent plus.

Dès que je me remets en mouvement, les douleurs qui s'étaient peu à peu atténuées me saisissent à nouveau. Elles se ravivent même si violemment qu'elles irradient jusqu'aux épaules, me raidissent le dos. Je me déconcentre et aussitôt une aspérité du trottoir bloque une roue. Je me penche en avant et ne vois que le gris sale de la rue, le sol rugueux où s'écrasent les crottes de chien. Je relève la tête en clignant des paupières pour chasser les picotements de fatigue qui me tiraillent les yeux. D'un léger coup de reins, comme on me l'a appris en rééducation pour faire cabrer la chaise, je saute l'obstacle et poursuis ma route. J'enfonce les ongles dans mes mains pour pétrir les muscles gourds, tétanisés. Ainsi le mal est toujours présent mais devient supportable.

Au loin un point noir se dessine. Un profond sentiment de vide et de solitude m'envahit. Je veux juste m'étendre, me renverser sur un canapé, un drap humide sur le visage. Et dormir. Je progresse en direction de cette silhouette que je croiserai bientôt. Son corps et son visage demeurent imprécis, mais je vois nettement le mouvement d'une cravate qui flotte au rythme saccadé de ses pas.

Comme je lève la tête vers l'homme parvenu à ma hauteur, la lumière du soleil m'aveugle et me fait grimacer. Je reconnais mon voisin du huitième dans son costume sombre. Soumise à l'intensité de son regard et à sa caresse obligée sur mes cheveux, je remarque un bouton qui pend à sa chemise. Il se décale pour me faire un peu d'ombre. L'apparente sévérité de ses yeux noirs dissimule la tendresse d'un frère. Il a remarqué sur mon visage une expression figée de souffrance et, sans un mot, saisit les poignées du fauteuil et le pousse en direction de notre immeuble. Parvenu dans le hall d'entrée, naturellement, il me quitte, déposant un baiser sur mon front. Je pivote vers l'encadrement de la porte et à l'instant où j'en franchis le seuil, un gémissement s'échappe de mes lèvres. Ce sont les pleurs du tout petit enfant que je redeviens, lorsque, enfin chez moi, je sors de ma torpeur et retrouve mon isolement.

Parfois, j'ai l'impression d'être une errance que l'émotion ne retient plus. Dans ma bulle, j'oublie que je renvoie une image difficile à soutenir. Le handicap a ceci de pervers qu'il peut vous encercler insidieusement. On se rassemble pour discuter de ce qui nous concerne, on revendique haut et fort la défense de nos droits et on finit par se couper du reste du monde, barricadés dans notre propre forteresse. Pour ma part, je me méfie de l'esprit militant. Je préfère parler à qui désire me connaître, aider qui le veut bien à franchir en toute simplicité le barrage de la première impression. Mais l'amitié reste un art délicat et si certains vantent mon joli sourire, mon enthousiasme et ma bonne humeur, je suis plutôt une solitaire. Je m'absente peu de chez moi : trop vulnérable pour sortir la nuit et le bruit, les embouteillages, la pollution de Paris m'épuisent. J'ai fui l'incommunicabilité de Noirétable, les rapports devenus compliqués avec mes amis d'antan, le poids des tensions familiales, et pourtant la nature, les balades et la tendresse de mon grand-père me manquent terriblement. Quant aux relations amoureuses...

Après avoir vécu une relation intense avec un garçon qui m'a fait croire à la vie de couple pour ensuite me quitter, j'ai voulu me mettre à l'abri des promesses mensongères et des chagrins. Assez de souffrance, il fallait que je me protège. J'ai tiré une croix sur les hommes et la sexualité et décidé de me réfugier dans la seule passion qui ne m'ait jamais déçue : le pilotage. Et, une fois de plus, mon corps subit en première ligne la violence de cette décision.

Il fut une époque où je me fis aguicheuse, m'habillant et me fardant avec la sensation de mettre en valeur un fruit avarié sur un étalage de marché. Cette fois, j'allais devenir un buste, une statue aux formes généreuses et éternelles... de la caste des Intouchables : désormais, on pourrait me regarder, m'admirer, mais personne ne me blesserait. J'avais vingt-quatre ans et l'instinct de survie marchait à plein !

Après avoir consulté un chirurgien esthétique et choisi les implants mammaires qui, me semble-t-il, mettront le mieux ma gorge en valeur, j'entre en clinique pour une pose de prothèses. Jamais je n'aurais imaginé les souffrances que cette idée lumineuse allait occasionner ! Pas une seconde le médecin n'évoque les risques de rejet et d'inconfort. En revanche, photos à l'appui, il insiste sur l'esthétique de mes « nouveaux seins » qui vont, à l'en croire, révolutionner mon existence ! « Il vous en coûtera 30 000 francs (on m'accorde un crédit sur dix-huit mois). Sans compter la garde-robe que vous voudrez changer pour des vêtements beaucoup plus sexy !... » me prévient-il en souriant. Visiblement, il se réjouit pour moi. Je m'inquiète – « Les mouvements répétés des bras et les à-coups quand je manœuvre le fauteuil ne risquent-ils pas de " tirer " sur la peau ? » – mais il rétorque, sûr de lui : « N'ayez aucune crainte, je ferai en sorte de les poser devant le muscle, là où votre peau est plus souple, afin que vous supportiez au mieux cette nouvelle masse. » Quant aux risques que la prothèse durcisse et forme une coque sous le sein, comme je l'ai lu dans des témoignages d'opérations ratées il les balaie d'un revers de la main.

« C'est très rare, ce ne serait vraiment pas de chance... » dit-il, en se levant et me reconduisant vers la sortie. En passant devant la luxueuse salle d'attente de l'établissement, je remarque que quatre ou cinq filles de mon âge attendent leur tour.

La veille de l'intervention, les doutes m'assaillent encore. L'idée de m'étendre à nouveau sur le billard, la perspective de l'anesthésie et des douleurs qui vont suivre, même si on s'est bien gardé de m'en parler, manquent de me faire renoncer. Le hasard veut que je passe la soirée avec mon ami Manu, monté à Paris pour son travail. Dans la chambre d'hôtel où son entreprise le loge, nous regardons un film à la télévision, en discutant. Je me souviens parfaitement de cette scène où une blonde lascive danse en boîte de nuit, un tee-shirt moulant sa poitrine magnifique. La réaction de Manu ne se fait pas attendre : « C'est sûr que quand t'as *ça* dans ton lit, tu vas pas dormir dans la baignoire ! » Il ne m'en faut pas plus pour me décider. Le lendemain, la clinique m'envoie une Mercedes noire avec chauffeur pour me conduire à Neuilly. C'est royal ! Mais au retour, je dois me débrouiller par mes propres moyens... Et je comprends très vite pourquoi le médecin s'est montré si flou sur les risques postopératoires : la fièvre se déclare violemment, mes seins ont triplé de volume et semblent prêts à exploser. Mon dos, qui n'a jamais supporté un tel poids, me torture au point que je renonce à me lever. Le mois suivant l'opération est épouvantable, d'autant que mon orgueil et la volonté de vivre cette expérience dans le secret m'interdisent d'appeler quiconque à la rescousse. Pourquoi faut-il toujours souffrir pour être belle ?

Une voisine, habituée à me proposer son aide pour les courses, vient frapper chez moi à plusieurs reprises. Je fais la morte. Entre fièvre et nausées, je me débrouille seule, y compris pour la piqûre anti-rejet quotidienne. Mon frère, qui travaille pour un laboratoire pharmaceutique, est surpris de voir traîner sur ma table de chevet une seringue remplie du produit qu'il fabrique ! « Qu'est-ce que tu fais avec cet anticoagulant ? » demande-t-il. Je coupe court à sa curiosité : « J'ai des problèmes de circulation. »

Manu est le seul auquel j'ouvre ma porte sans songer à lui parler de mes « exploits », simplement heureuse de sa présence. Dans l'après-midi, je fais un geste brusque et un point de suture lâche sur le contour d'un mamelon. Une goutte de sang fleurit sur ma chemise. Manu remarque immédiatement mon trouble et l'inquiétude sur mon visage. Je lui raconte tout, soulagée de pouvoir révéler mon petit secret. Il m'écoute en hochant la tête. « Alors, le Piou veut devenir une bombe sexuelle, c'est ça ? » dit-il, mi-amusé, mi-moqueur.

Je n'en parle à personne d'autre. Lors d'un séjour chez mes parents à Noirétable, les yeux de ma mère se posent sur mon corsage échancré : « Dis donc, ça a bien poussé ! » s'exclame-t-elle. C'est tout. Aucune autre question. Ni ce jour-là ni plus tard, lorsque mes seins disparaîtront comme par enchantement. Je garderai les prothèses pendant deux ans en espérant m'y habituer : en vain, cette poitrine entrave tous mes gestes, mais, surtout, l'image que me renvoient les miroirs, les vitrines des magasins, est celle d'une étrangère. Jamais je n'ai été aussi loin de moi. J'ai voulu m'affirmer en tant que femme, provoquer un sentiment d'admiration chez les autres, et finalement, ce corps abîmé que j'ai tenté de rafistoler en m'attaquant à une autre partie que mes jambes inertes ne m'inspire que du dégoût. N'y a-t-il d'autres moyens pour être prise au sérieux que de mettre à chaque fois ma peau au bout de mes questionnements ? Personne ne me les a enseignés. Encore une fois j'ai été puérile, excessive, perdue.

Je ne redeviens moi-même que le jour où,

réalisant l'absurdité de mon geste, je retourne voir un médecin de meilleure réputation qui me retire les implants. À présent, les chirurgiens esthétiques m'inspirent quelque méfiance, mais lui, j'ai de bonnes raisons de le consulter : dans ses moments de loisir, il vole aussi en aéro-club ! Nous allons certainement nous comprendre... Cette mésaventure à épisodes le désole, mais il est d'accord pour réopérer. J'y gagne de nouvelles cicatrices, signatures attestant de mon désarroi dans cette quête éperdue d'identité. Il ne sert à rien de vouloir se protéger derrière une muraille de chair. Vivre, c'est accepter de prendre des coups avant de se réaliser, mais aussi se laisser surprendre par une brève rencontre...

Un jour, sur le quai d'une gare, mon attention est attirée par un homme à la démarche pressée. L'air qu'il déplace en me croisant frôle mon visage et il se retourne sur moi. Confuse, je plonge aussitôt les yeux sur mes chaussures et détaille attentivement un de mes lacets. Au bout de quelques secondes, je relève la tête vers l'apparition et soutient le regard qu'il tend dans ma direction. Il esquisse un sourire. Je jette un œil alentour et comprends que c'est à moi qu'il s'adresse. Alors à mon tour, je lui renvoie un sourire à m'en fissurer les lèvres.

L'homme est grand, svelte, un port de tête délicat qui tranche avec son crâne lisse. Ses gestes sont souples, raffinés et il porte un grand manteau de cachemire bleu marine d'une élégance rare. Vraiment très séduisant. Je suis soudain tirée de ma contemplation par le fracas d'un engin poussé par des sbires de la S.N.C.F. qui viennent vers moi en me faisant de grands signes. Le monte-charge de mademoiselle est avancé ! Je m'installe sur la plate-forme, tête baissée. Ballottée comme à bord d'un bateau en pleine tempête, je suis élevée par à-coups à la hauteur du wagon dans un tel crissement de rouille que je m'attends à voir gicler des éclats de fer sur mes genoux ! Un moment de pur raffinement. Le charme est brisé. « Vivement qu'on en finisse », me dis-je, lorsque, d'un coup de sifflet, le chef de gare annonce le départ du train.

Après être redescendue de cet engin de malheur, je m'assure d'un rapide coup d'œil que le jeune homme n'a pas assisté à ce spectacle pitoyable. Je me sens faiblir : il se tient juste derrière moi, si près que je perçois, à la racine des cheveux, la chaleur caressante de son souffle. Je ravale la salive que le désir fait monter dans ma bouche et enjambe un siège, laissant mon fauteuil sur le côté. Lui s'arrête cinq rangées plus haut, s'assoit en me tournant le dos, et sort un ordinateur de sa sacoche. J'essaie de me concentrer sur mon livre, mais mon regard navigue sans cesse de la fenêtre à la nuque de l'inconnu. Je relis pour la quatrième fois le même paragraphe lorsqu'une voix grave et posée m'interrompt. Surprise, je relève la tête. Il s'est assis en face de moi et, appuyé sur l'accoudoir, la joue dans le creux de la main, il me demande le titre de l'ouvrage. Si j'avais su la manière la plus correcte de m'entretenir avec un bel étranger, à cet instant je l'aurais oubliée ! Son allure magnifique me trouble et l'insignifiance de mon discours plus encore. Je ne sais comment entretenir le charme de cette rencontre, ça me navre. Il me semble qu il flotte autour de moi un parfum un peu fort, enivrant. Peut-être le perçoit-il car l'éclat de ses yeux, maquillés au khôl, redouble d'intensité Il va au bar et nous rapporte deux cafés.

Le reste du voyage se passe en échange de phrases anodines, ponctuées de larges sourires et de regards plissés. Je le laisse disparaître comme il est apparu, sans vouloir le retenir Cette brève rencontre s'est passée à une époque, pas si lointaine, où je n'encourageais aucune relation par peur de lire la moindre expression de pitié ou d'ennui dans les yeux d'un homme me faisant l'amour

Quelques inconscients se risquent pourtant à mon contact, débordant de gentillesse et de dévouement. Je les vois arriver de loin ! Ils se présentent à moi en vantant leurs qualités comme s'ils vendaient une marchandise : ils sont aimants, ponctuels, prêts à tout pour me plaire. Autant de mérites sonnent faux et ne peuvent que m'asphyxier. Non, il faut que je les décourage. D'autres m'avouent rechercher un brin d'exotisme près de moi, un dépaysement, un terrain pour de nouvelles expériences. Certaines mésaventures m'ont rendue méfiante, plus raisonnable, mais je ne suis pas toujours de marbre. Il suffit parfois d'un regard pour que mes sens s'attisent. À la pointe de mes seins s'attarde une délicieuse excitation alimentée par les images et les histoires que je me raconte. C'est doux et feutré comme un velours précieux. Parfois cela pique même un petit peu.

Je ne connaissais pas grand-chose à la sexualité lorsque j'eus ma première expérience à l'âge de quatorze ans. Comme toutes les adolescentes, je n'étais pas prête et ce fut un fiasco. Ensuite, il y eut l'épisode douloureux de l'anorexie, puis, à seize ans, l'accident. Le destin ne m'a pas accordé le temps d'être à l'écoute de mes désirs et j'ignore tout du plaisir amoureux. Je l'imagine comme un jaillissement merveilleux, une émotion tellement puissante qu'elle fait prendre conscience de la vie que l'on porte en soi. Si une seule fois j'avais pu connaître le feu de la jouissance et ses félicités, j'en aurais gardé le profond secret pour m'y réchauffer les soirs de grande solitude. Mais je n'ai rien connu et donc rien à simuler, rien pour me souvenir. Je n'ai vu que le vide et il est affreux.

J'ai la sensation étrange d'être coupée en deux, même si je perçois parfois comme une onde de chaleur, des battements dans la partie de moi-même que je suppose endormie à jamais. Je suis comme un fantôme dont le corps flotte avec volupté. Dans mon imaginaire, quelqu'un me chatouille, j'éclate de rire et il m'arrive de me réveiller en me trémoussant à ces attouchements ! Rêves de caresses tendres et joyeuses où je me réfugie car, pour l'instant, l'amour charnel revient pour moi à parcourir un paysage sans reliefs, une traversée de la Belgique d'une platitude désespérante.

C'est la nuit que la purification opère et que je me donne sans retenue. C'est pourquoi je dors nue, recouverte d'un drap propre, le pubis soigneusement rasé. À la lisière du plaisir, je sombre et m'assoupis, pressée de peupler mes rêves de bouches venues épancher leur soif au filet de ma source. Je veux être sûre que, même s'il m'a abîmée, mon handicap ne m'a pas complètement cousu le sexe et mes doigts hésitants explorent les parois humides de ma fente pour m'assurer que jamais je n'en retirerai le moindre fil.

Pour nourrir mon corps, le rappeler à la vie, je l'inonde d'un flot d'images et de paroles étourdissantes. Je me noie dans l'érotisme d'un rêve sensuel. Une chaleur me submerge, envahit le bas de mon ventre, mon sexe s'ouvre et se gonfle, mon bassin engourdi entame un mouvement de va-et-vient. Le désir grandit. Je me réveille doucement, referme les yeux. Je ne veux rien voir, rien savoir, juste arrêter le temps pour, quelques minutes encore, baigner dans cette mer de feu.

Dans mes rêves, je vole. Je me suspends au ciel, un souffle d'air pur m'emporte vers des cimes, une pluie légère descendue des plus hautes montagnes inonde mes joues, mes cheveux, rafraîchit mes sens. Et ces mots magiques annoncent une prochaine conquête : je voudrais retrouver ma sensualité, rendre un homme heureux. Pourvu qu'il soit encore temps de rendre à ma vie sa vitalité originelle et que vibre ce qui sommeille et ne demande qu'à être libéré !

Il m'a fallu du temps pour trouver ma vraie nature et me débarrasser des couches de honte et de culpabilité que j'avais superposées depuis toutes ces années. Aujourd'hui, il me reste à épanouir le « pays de mon corps », comme autant de terres nouvelles, de paysages à explorer.

Un homme est en chemin. J'ai son visage dans les yeux. Je le vois adossé à un arbre, jeune homme au flegme un peu arsouille, dans une campagne apaisée ou une nature sauvage. Lui et moi sommes intimement mêlés, mon sang dans ses veines, son souffle sur ma peau. Nos affinités proviendront peut-être d'une déchirure de même nature mais je ne tenterai pas de connaître son passé. Il faudra qu'il ait bien vécu pour que l'on se comprenne et que le temps qui adoucit les traits du visage ne diminue en rien sa noblesse de cœur. Rien ne nous attachera l'un à l'autre, c'est ce qui fera notre force : ne pas chercher à s'appartenir, ayant tous deux la conscience aiguë que le désir de possession engendre la dépendance et le vide intérieur.

Il m'aimera du mieux qu'il le pourra, c'est-à-dire insuffisamment, mais sa tendresse m'accompagnera peut-être jusqu'à ce que le miracle ait lieu. C'est lui qui le premier me murmurera les mots de la renaissance et c'est dans le timbre de sa voix que je puiserai la force d'y croire.

Si à présent j'ose caler mes talons aiguilles sur le marchepied du fauteuil, c'est pour l'amener à entrer dans mon jeu de séduction

Pas une journée ne se passe sans que je pense à lui. Un amoureux comme un point fixe, une image irréelle au loin, qui tarde à se rapprocher. Je hais la distance qui nous sépare, je hais mon isolement, je l'attends, je l'attends et je l'aime ! Voilà, le mot est lâché. L'amour passe trop vite pour que je puisse le rattraper et comme courir n'est pas mon occupation principale, pour le moment, je le laisse filer. Et il file, mon amour...

Aucune paire d'ailes ne pourrait remplacer ces jambes qui m'ont abandonnée. Et je garde un corps de femme avec toutes ses promesses et il m'arrive de penser à l'enfant que j'aurais envie de serrer dans mes bras. Je veux croire en la puissance de l'amour qui me fera surmonter les difficultés inhérentes à sa conception. N'est-ce pas le destin de chacune d'entre nous d'engendrer le lien qui renforcera son union avec l'homme de sa vie ? Que son absence est cruelle ! Il me manque, il m'est cher, lui qui m'apportera l'ancrage, le repère qui m'ont toujours fait défaut.

À la maison où l'on cachait sa nudité de

manière absolue, je ne parlais pas de mes petits amis, de mes peines de cœur, alors la sexualité, le plaisir, le désir... on en riait à coups de boutades un peu vulgaires. J'ai dû intérioriser mes pulsions, refouler le moindre trémoussement, culpabilisant presque lorsque je sentais mon corps s'éveiller à la sensualité. J'ai appris les émois de l'amour en parlant à voix basse, à l'oreille de mes copines (qui me raflaient tous mes chéris !), ou en feuilletant des magazines, à la dérobée. Pas étonnant que dans mon inconscient, la sexualité ait été mythifiée.

Avec l'accident, le problème s'amplifia. À un âge où j'aurais dû me sentir belle, faire naître le désir, je dissimulais ce corps que je ne reconnaissais plus. Et je n'ai pas encore atteint la maturité qui donne l'assurance de pouvoir plaire à un homme sans forcément être séduisante. De la même façon, je n'ai pas rencontré l'homme patient et sensible qui saurait me sécuriser, m'inviter à me laisser aller, oublier l'esthétique dans l'acte amoureux.

Avant qu'un copain paraplégique ne m'en vante les mérites, je n'avais jamais songé au Viagra, la « pilule de l'amour ». « Moi, ça a changé ma vie ! Tu devrais te renseigner. Je suis sûr que ça existe aussi pour les nanas... » me dit-il. Peu de temps après, un urologue de l'hôpital Rothschild, que je consulte pour un bilan de santé, m'encourage vivement à rencontrer la sexologue de l'établissement et m'explique avec entrain le fonctionnement de la pilule bleue. Cet entretien fait naître beaucoup d'espoirs en moi. Trop sans doute.

C'est dire mon impatience lorsque j'arrive au rendez-vous avec la sexologue de l'hôpital. J'en attends tellement que je me suis déjà livrée à quelques plaisanteries avec mes bons copains en menaçant de les « croquer tout crus » dès les prochains jours ! Face à elle, je suis tout d'un coup moins délurée. Je dis deux mots sur mon handicap, sur les zones d'insensibilité, puis aborde à tâtons le chapitre des relations amoureuses, lorsqu'elle me coupe net : « Et sexuellement, ça se passe comment ? » J'avoue, un peu gênée : « Ben, je ne sens pas grand-chose... mais on m'a conseillé de venir vous voir car il paraît que le Viagra fait des miracles pour des gens comme moi ! » Mon exaltation soudaine amène un léger sourire sur ses lèvres, puis elle redevient grave : « Malheureusement, ce n'est pas vraiment au point pour le moment... Je ne vous apprendrai rien en vous disant que le plaisir féminin est moins “ mécanique ” que celui des hommes, la mise au point d'un médicament sera donc beaucoup plus longue. En tout cas, pour l'instant, il n'existe pas ! » Encore une nouvelle que je prends comme une claque. Mes beaux espoirs s'écroulent lamentablement. Je me sens submergée par la déception et la rage. Mais pourquoi me berce-t-on d'illusions qui se transforment chaque fois en chimères ! Les larmes aux yeux, je salue la sexologue qui me regarde sans un mot, et fais pivoter mon fauteuil vers la porte de sortie. « Je suis désolée... je ne veux pas vous faire perdre votre temps, madame, je ne sais pas ce que je fais ici. Excusez-moi... » Elle se lève immédiatement pour me retenir : « Non, attendez ! Je ne peux pas vous laisser partir dans cet état, vous avez l'air désespérée. Il faut qu'on parle... » Au bout du compte, je resterai deux heures dans son bureau. Elle me réconforte en m'expliquant que si la potion magique n'existe pas encore pour les femmes, il y a divers moyens d'améliorer ma sensibilité, de me faire accéder au plaisir. L'expression « lâcher prise » revient souvent dans son discours. Paraplégique ou pas, la sexualité s'éduque, comme beaucoup de choses ! Elle me parle également d' « autoérotisme » : réapprendre à se toucher, développer une sensualité plus cérébrale, être à l'écoute de ses impulsions sexuelles. À ce propos, elle fait l'éloge de la masturbation, une « phase importante de la psychosexualité » ! Je retiens de ses paroles que le plaisir des femmes ne peut se résumer à l'orgasme, qu'il y a d'autres terrains sensoriels à explorer, à exploiter, des tendances à identifier avec des caresses, certains massages. L'important étant d'obtenir satisfaction et non de se conformer à un modèle imposé. Une jouissance infinie mais intérieure et variée. Je comprends aussi qu'à moins de rencontrer un partenaire exceptionnellement attentionné et inventif, je ne pourrai tout à fait reconquérir mon propre territoire.

Pour l'heure, je voudrais être une femme active, ardente, déraisonnable, et ne pas attendre qu'un prince charmant éveille mon érotisme ! Pouvoir me rassasier, sonder le possible et rencontrer l'autre sur un terrain où seuls compteraient la volupté, l'abandon, la fantaisie.

Cela passera par l'acceptation de mon corps comme il est, et comme il deviendra. Tant que mes copains me taquineront en disant que je suis « potelée comme un angelot des plafonds de la chapelle Sixtine », je n'aurai pas à me plaindre ! Depuis dix ans, je scrute ce corps et mes mains se promènent sur mes seins, ma taille, mes jambes, avec la hantise de constater le moindre relâchement des tissus. En cela, je ne suis pas différente de toutes les femmes qui interrogent leur miroir. J'ai beau le badigeonner d'huiles essentielles raffermissantes, il change, bien sûr ! Un ostéopathe à qui je demande si l'électrostimulation pourrait redonner du galbe à mes cuisses, un peu trop ramollos à mon goût, éclate de rire : « Tu veux plaire à qui ? » demande-t-il d'un air malicieux.

Coquetterie de ma part ? Sans doute, et alors ? J'aime attirer, j'aime séduire, qu'y a-t-il de surprenant à cela ? Surtout lorsque les rencontres se transforment en solide amitié. C'est ainsi que j'ai connu Francisco, en lui décochant mon plus joli sourire.

Alors que je longe une terrasse de café du Quartier latin avec mon frère, un air de jazz nous attire à l'intérieur et nous entrons prendre un verre. Dans un coin, près du bar, un jeune homme joue du piano. Il me regarde affectueusement puis me demande de m'approcher. Je sympathise à la seconde avec ce garçon, joyeux et spirituel, qui tient absolument à ce que je fredonne un air ! Nous échangeons nos numéros de téléphone et nous nous revoyons les jours suivants. Ses attentions délicates me charment, il a le chic pour aller au-devant de mes demandes sans être pesant. C'est très agréable. Je me souviens que le jour de mes vingt-cinq ans, il débarque dans mon appartement vers 11 heures du soir, pose un gros gâteau sur la table entourée d'amis, m'embrasse et repart en s'excusant, comme s'il craignait de nous avoir dérangés. Je tente de le retenir, en vain. Il s'enfuit. Voyageant beaucoup pour son travail, il ne manque jamais de m'adresser une pensée des pays qu'il traverse. Et puis il finit par rentrer au Mexique, d'où il est originaire, et je perds sa trace.

Un soir le téléphone sonne : je reconnais tout de suite le son de sa voix au bout du fil. Il appelle d'Amérique latine, il a souvent pensé à moi, mais il attendait qu'un voyage en Europe soit programmé pour me faire signe. Seulement, aujourd'hui, il a quelque chose d'important à me dire qui ne peut attendre son retour à Paris. En un éclair, j'imagine une fiancée, un mariage à l'horizon ou, pourquoi pas, un heureux événement ! Non, rien de tout cela. Francisco me raconte que, six mois plus tôt, alors qu'il se promenait à vélo sur une route de campagne, un chauffeur fou l'a percuté avec son 4 × 4 et a pris la fuite. À demi conscient, il n'a pu voir le numéro d'immatriculation de la voiture. De toute façon, pour engager des poursuites, une enquête, il aurait fallu graisser la patte du policier et Francisco répugnait à entrer dans ce système. « En fait, ce que je veux te dire, c'est que dans le choc, la colonne vertébrale a été compressée et que lorsque les secours sont arrivés, il était trop tard... Comme toi, tu vois... » Je l'écoute, médusée, ayant depuis longtemps compris la fin de l'histoire. La moelle épinière touchée à hauteur des lombaires, les jambes mortes, le fauteuil roulant... Il me raconte sa terrible histoire d'une voix claire, sans tristesse et sans haine. Il n'en veut à personne. Lorsqu'il se tait, je reste silencieuse puis bredouille : « Mais, toi, parle-moi de toi... Comment te sens-tu ? Es-tu triste, déprimé ? » Il me répond que pour garder le moral, il lui suffit de penser à mon rire, à ma manière d'être au jour le jour et à la force que le handicap a donnée à mon existence. « J'ai fait comme toi : trois mois après l'accident, j'ai retrouvé ma passion, on m'a adapté un piano et, à présent, je travaille tous les jours », dit-il avec fierté. « Et puis maintenant, quelque chose nous rapproche, Dorine », chuchote-t-il avant de raccrocher. À des milliers de kilomètres, je le sens sourire et son courage me bouleverse. Le jour où Francisco viendra à Paris, nos retrouvailles seront sans doute un peu étranges mais je sais que, dévalant les ruelles en pente douce, nous rirons très fort dans nos bolides. Et encore mieux qu'avant.

Pour le battre à la course, j'ai intérêt à m'entraîner un peu ! C'est pourquoi, depuis dix ans et plusieurs fois par semaine, la kinésithérapie fait travailler, malgré eux, mes muscles endormis. Si on envisage un jour d'opérer les personnes qui ont dix, quinze ans de paraplégie, la masse musculaire devra être reconstituée à condition que les tissus ne soient pas devenus fibreux à force d'immobilité. Et la recherche scientifique avance. Des quatre coins du monde, des chercheurs travaillent sur la reconnexion des fibres de la moelle épinière et, depuis des années, les greffes de cellules se pratiquent sur les animaux avec des résultats prometteurs. Trois à sept mois après l'opération, des rats ayant subi une section complète de la moelle épinière ont récupéré les fonctions locomotrices et une grande partie de leur sensibilité. Ces expériences doivent maintenant être évaluées chez les primates avant que l'on pense à les appliquer à l'homme. Peut-être aurai-je un jour la même chance qu'un chat ou qu'une petite souris ? Il paraît que cela marche aussi très bien sur les cochons !

Sans vouloir tout miser sur cette éventualité, un espoir demeure. En tout cas, cette hypothèse ressemblerait au songe qui est le mien depuis mon accident : revenir sur mes deux jambes après avoir vécu une épreuve initiatique qui aura mis en lumière la force d'une vocation. Pour renaître consolée, dans une peau lavée de ses blessures.

J'aurais donné corps à mes rêves...

Longtemps j'ai pensé qu'irrémédiablement assise, j'avais plongé au fond d'un trou et que jamais je ne pourrais atteindre la fenêtre s'ouvrant sur mon avenir. Bien que tombée dans ce sombre abîme, mon âme battait comme un drapeau placé au plus haut d'une tour, fouettée par la violence d'un vent régénérant. L'instinct de survie, encore lui. Dans ces moments de félicité, je me voyais marcher à toute allure, sans ombre ni empreinte, sauter un trottoir, fouler un chemin de mousse ou de galets, sentir sur ma peau la fraîcheur apaisante d'une bise légère.

Rien que d'y penser, j'en ris encore. J'imagine surtout mon ami Franck sur le seuil de sa porte, la tête légèrement penchée de côté, me regardant avancer vers lui. Il écarterait les mèches de cheveux raides comme des spaghettis qui lui tombent sur le visage, pour mieux voir « le piou » gravir les marches de sa maison, revenue de la ville sur ses guiboles, éblouissante en robe bleue. La couleur préférée de ma mère.

Merci à

Philippe et Jean Achard ; la gendarmerie, les pompiers, secouristes, radios amateurs de la sécurité civile de la Haute-Loire ;
Les instructeurs Rémy Danilo, Jean-Pierre Martin, Richard Guth, Pierre Harquin, Jean-Pierre Hotot... ;
Guy Labrit, Gilles Gonsalves ;
Eugène Bellet et Daniel Vacher ;
Gaston Jankiewicz ;
Gérard Feldzer, Guy et Marie-France Mitaux Maurouard, Laurent et Valérie Negretti, Guillaume Féral, Michel Barry, Alexandre P., Luc Adrien, Michel Dupont, la famille Weiller ;
Dominique et Françoise Meglioli, Gérald L., François Blanc, Jean-Pierre Otelli, Jacques Cailles, Mat' Jacob, Emmanuel Priou et Bruno Victor Pujbet, Eric Manas ;
Serge Dassault, Brigitte et Bruno Revelin Falcoz, Jean-Pierre Robillard, Michèle Montlouis, François Robineau ;
Claude Elien, Denis Auboyet, Jean-Louis Monnet, Roger Pessidous, Philippe Menard, Jean-Paul Fouret, Serge Lassout, Christian Fages, Jean-Luc P., Philippe Maleskevitch, Catherine Colomb, Dominique Foch, Catherine Gros, Gérard Dumont, Eric Desgayets, Bernard ;
Patrick de Carolis et toute l'équipe de *Des racines et des ailes*, Jean-Marie Barrère, Galaxie Presse ;
Alexandre et Sonia Poussin ;
L'Aéro-club de France, Les « Ailes Brisées », les « Chevaliers du Ciel », le « Tomato », le Groupement Didier Daurat des « Vieilles Tiges », la Guilde européenne du Raid et de l'Aventure ;
Scott, Mike Smith, Nicole Lattès, Claude Mendibil, Françoise Delivet ;
Marcel F. ;

Ma famille, mon pépé, Denise et Claudette ;
Mes amis d'enfance, Florian, Ludovic, Franck et Manu ;
Roland Fesenmayr ;
Et encore à tous ceux que le ciel m'a un jour permis de rencontrer...

Cet ouvrage a été réalisé par

FIRMIN DIDOT

GROUPE CPI

Mesnil-sur-l'Estrée

pour le compte des Éditions Robert Laffont
en septembre 2002

Cet ouvrage a été composé par
Graphic Hainaut (59163 Condé-l'Escaut)

Imprimé en France
Dépôt légal : février 2002
N° d'édition : 43244/07 - N° d'impression : 60896